千五郎の

# 勝手に狂言解体新書

茂山千五郎 著

# 茂山千五郎

（本名 **正邦**）

1972年生まれ。4歳のときに「以呂波」にて初舞台。「茂山狂言会」「Cutting Edge KYOGEN」「笑えない会」「傳之会」などを主催。2016年、茂山千五郎家当主名である、十四世茂山千五郎を襲名する。

# はじめに

茂山千五郎

この『千五郎の勝手に狂言解体新書』を書くきっかけは、私どものファンクラブ「クラブＳＯＪＡ」の会報誌「お豆腐通信」の連載です。この会報誌は完全に役者の手作りです。狂言会の宣伝はもとより、その会への意気込みや役者の日常的な考えなどをテーマに書いていました。以前は選抜した役者に記事を書いてもらっていましたが、千之丞（当時・童司）編集長の時に「役者全員が必ず記事を書くように！」とのお達しがあり、半強制的に連載ものを書かされるようになりました。

折角ならば素顔が垣間見られるような記事が良かろうと思い、趣味のゴルフを絡めた「目指せシングル……もとい百切り」を連載し始めました。しかし、なかなかゴルフは上達しない。また「お豆腐通信」は年二回の発行なので、半年分のゴルフのラウンドの内容を書いてもさほど面白くもなく、どうしたものかと思っていると、大事件がおきました。なんと車上荒らしにあって、ゴルフバッグを取られてしまったのです。さすがに凹んで、練習にもコースにも行かなくなってしまいました。このままでは連載も続けられない。どうしようかと悩んだ末に「やっぱり狂言を題材に連載した方が、会員さんにも楽しんでもらえるだろう。しかし、よくある解説書では面白くない。完全に私的な目線での解説書にしよう」と思いついたのが『千五郎の勝手に狂言解体新書』です。

この本に書いてあることが正しいかどうかは分かりません。百パーセント私の考えです。狂言師茂山千五郎が一曲をどのように考え、どのように捉えて演じているかを紹介していきます。ほかの役者や、千五郎家の役者も同じ考え方ではないかもしれません。私自身も数年後には、全く違う解釈で演じているかもしれません。今現在の私の考えや演じ方、調べ得られた知識を綴った解説書です。「へー。こんなことを考えながら狂言をやっているんだ」と、さらっと思っていただければ幸いです。

【目次】


はじめに……4
其の一　千鳥……9
其の二　縄綯……25
其の三　蝸牛……39
其の四　萩大名……53
其の五　福の神……65
其の六　鎌腹……73
其の七　靭猿……85
其の八　伯母ヶ酒……99
其の九　仏師……109
其の十　蟹山伏……121
次代の狂言師――息子たちの肖像……133

其の十一　佐渡狐　141
能舞台解体新書　155
其の十二　口真似　165
其の十三　魚説経　177
其の十四　宗論　189
其の十五　末広かり　203
其の十六　首引　217
其の十七　居杭　231
其の十八　茶壺　245
其の十九　釣狐　257
あとがき　278

## ◈茂山千五郎家家系図◈

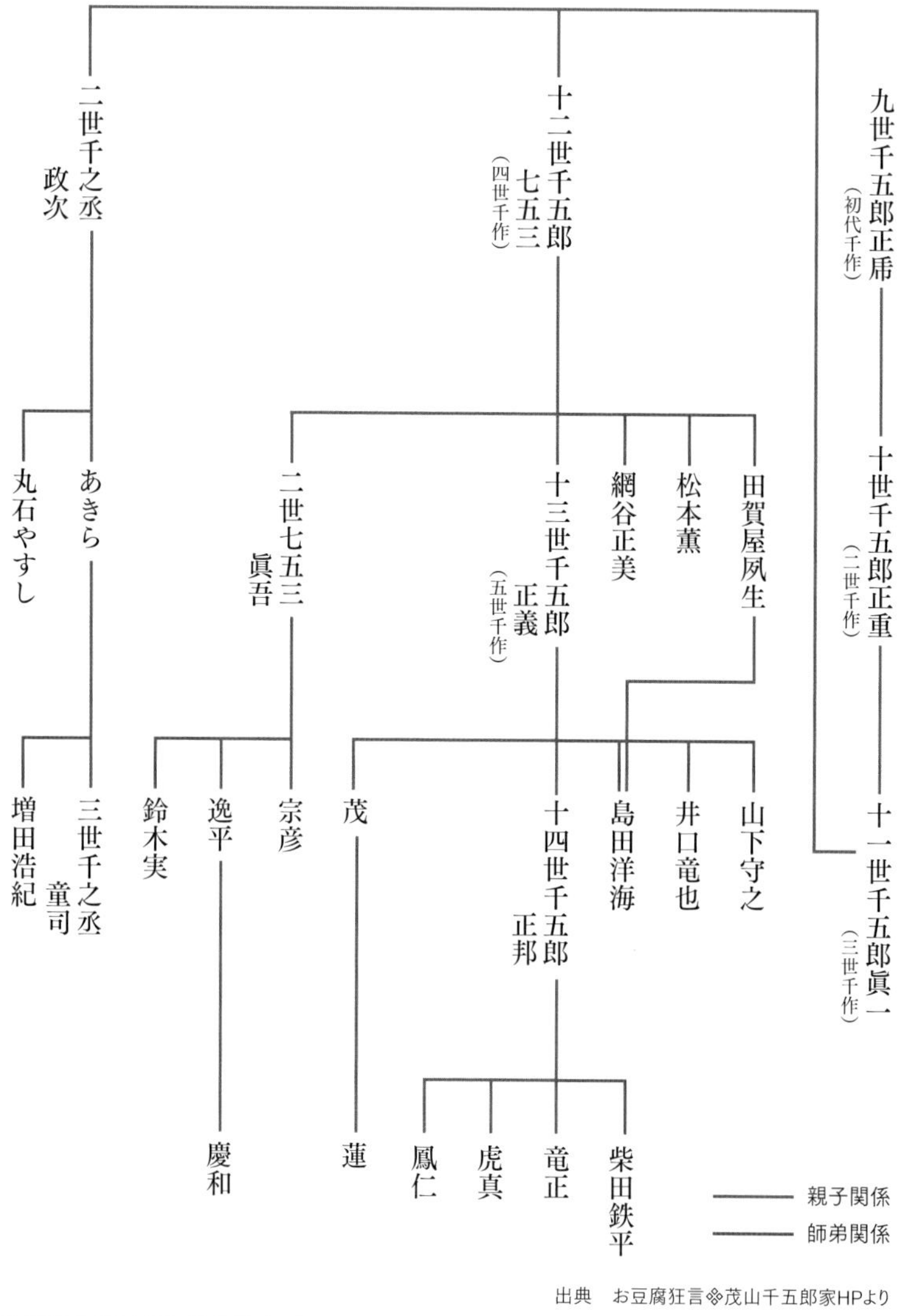


出典　お豆腐狂言※茂山千五郎家HPより

其の一

# 千鳥

狂言勝手に解体新書、第1回目は『千鳥《ちどり》』です。この狂言はとても人気曲なので、ご覧になられた方も多いと思います。私の好きな狂言ランキングの上位に入っています。

まずはあらすじから。

今晩来客がある主人は、酒屋にツケが溜まっているにも関わらず、太郎冠者に酒を買いに行けと言いつけます。太郎冠者は仕方がなく、酒屋に尾張の津島祭を見物に行った時の話をしながら、隙を見て酒樽を取って行こうとします。道中の浜辺で子どもたちが千鳥を取るさまや、祭りで山鉾を引く話や、流鏑馬《やぶさめ》の話をしていると、酒屋も段々と話に夢中になって……。酒樽を持って行こうとする太郎冠者と、それを阻止しようとする酒屋との攻防戦が見どころです。謡や舞を使って、賑やかに進行していきます。

では「千鳥」を私なりに「解体」していきます。

冒頭、まず主人と太郎冠者が登場し、主人が太郎冠者に、

「今晩にわかにお客があるによって、汝は大義ながら、いつもの酒屋へ行き、酒を一樽取って来い（今晩に急な来客があるから、酒屋に行って酒を買ってくるように）」

と命じます。しかし太郎冠者は、

「まだ内々の通いの表がすまぬにおりまするによって、参ったりとおこしは致しまするまい（ツケが溜まっているので酒を売ってくれませんよ）」

と断ります。

この《内々の通いの表》とは売買をしたことを書いておく帳面のことです。昔はほとんどの買い物をツケでして、月々まとめて支払っていました。その支払いが済んでいないから、酒屋は売ってはくれませんよと、太郎冠者は主人の依頼を断ります。ところが主人は、

**「汝は酒屋の亭主と相口じゃによって、面白可笑しゅう言うて、是非とも一樽取って来い**（お前は酒屋と馬が合うから、上手いこと言って絶対に取って来い）**」**

と食いさがります。太郎冠者も負けじと応戦します。

**「いつ取って参っても、太郎冠者、一つ飲め、とも仰せられませぬ**（私が頑張って取ってきても、お前も酒を飲めとは言いませんでしょ）**」**と食い下がるのです。すると主人は、

**「今度取って参ったならば、汝に口切り**（最初の一杯を飲む）**をさしょうぞ」**

と言います。これを聞いた太郎冠者は、酒を飲ましてくれるならばと、快諾して出掛けて行きます。

一見、酒につられてお使いに行く太郎冠者は、とても現金な者に見えますが、私の考えは少し違います。太郎冠者としては酒屋が酒を売ってくれないことは目に見えています。だから、主人に対して少し嫌みっぽく「酒を飲ましてくれない」と言ったのですが、絶対にあり得ない《口切りをさせる》行為を主人が承諾してしまいました。ここまで主人に言わせてしまえば太郎冠者も行かざるを得ません。ただその気持ちを悟られないために、

**「ややあ何、今度取って参ったならば、私に口切りをさしょうと仰せらるるか。その儀で**

**ござらば、畏ってござる。**（ヤッター！　酒を飲めるならば行っちゃうよ！）」

という感じでテンション高く受け答えをします。だからこそ、その後に太郎冠者の独白で、

「**さてもさても迷惑な事を仰せつけられた**」

とテンションを落として喋ります。私はこのテンションの上下で、太郎冠者の本心を表現しようとしています。

太郎冠者は酒屋に着くと、早速ツケの催促にあいます。それを受け流しながら、今日も酒が欲しい旨を伝えると、やはり酒屋は怒って売ってくれません。仕方がないので、

「**今日一度の代わり**（代金）**は持って参りました**」

と嘘をつくと、酒屋は喜んで酒樽を出してくれます。しかし本当はお金を持っていない太郎冠者は、

「**頼うだ者より受け取ることは受け取ったなれど、棚の端に置いて参った。この樽を持って行て、行て代わりを取って参りましょう**（うっかり家の棚の端に置いて忘れてきたので、酒樽を持って帰ってからお金を持ってきます）」

と、かなり強引に酒樽を持って帰ろうとしますが、酒屋に制されて失敗します。すると太郎冠者は、

「**今日初めて取る酒では無し。一度ばかり代わり無しに遣らせられても、苦しゅうはござりまするまい**（いつも買っているのだから、一回ぐらいサービスでタダにしても良いでしょ）」

と、半ばキレ気味に言います。酒屋は、

「代わりのある時は他所他《よそほか》の酒屋へ行き、すわ代わりの無い時ばかり身共の方へ来る。そのような沙汰の限りなことがあるものか（お前はお金がある時は他の酒屋に買いに行き、金がない時ばっかりうちの方に来る。そんな奴には酒をやらない）」

と言いだします。それは言い掛かりだと怒る太郎冠者に、

「そちの内に酒の要らぬ日とてはあるまい。それにこの間、酒を取りに来ぬが証拠じゃ（お前の主人はいつも酒がいるのに、この前買いに来なかった時がある）」

と詰め寄ります。すると太郎冠者は、

「この間は頼うだ者のお供を致いて、尾張の津島祭を見物に参った（この前は主人のお供をして尾張の津島祭に行きました）」

と答えます（尾張の津島祭とは、今でも行われている愛知県津島市の尾張津島天王祭のこと）。

「あの祭りは面白い祭りじゃと聞いた。なにと一つ二つ、話いては行かぬか（あの祭は面白い祭と聞いた。様子をすこし話してくれないか）」と酒屋も食いつきます。

ここでは、太郎冠者は津島祭に《本当に行った説》と《行ってない説》と、両説考えられます。私は《本当に行った説》で演じています。なぜならば、行っていないのにいきなり津島祭が出てくるのも不自然ですし、最初から津島祭ネタで酒屋をやり込めようとするならば、はじめの「棚の端に置いて参った（金を家に忘れてきた）」は必要ないからです。話の流れから出た津島祭に食い付いた酒屋。太郎冠者も、やっと食い付いた的な思い入れがあって、この狂

言の見せ場に入っていきます。

まず始めに、子ども達が《浜辺で千鳥を捕まえている》風景を話します。ただし話をするだけではなく、

「此方には、浜千鳥の友呼ぶ声はと仰せられ。私はちりちりや、ちりちりと申して、千鳥を伏するところをいたしましょう」

と、その様子を酒屋と太郎冠者で再現しようとします。太郎冠者は目標物となる千鳥が必要なので、酒樽で代用しようと提案します。しかし酒屋は、

「これは千鳥には、ちと大きかろう」

と拒みます。すると太郎冠者は、

「大きゅうはござれども、此方さえ千鳥じゃと思し召さば、ざっと済むことでござる」

と納得をさせます。

「そのように千鳥を見てござっては、千鳥が立ちまする。いかにも千鳥に忍ぶ態で、扇をかざいて囃させられい（千鳥が飛び立つから扇子をかざして、隠れているように）」

と、かなり無理がある設定を提案しますが、これが太郎冠者の策略です。しかし、酒屋は楽しくて仕方がないので簡単に受け入れてしまいます。太郎冠者は、

「浜千鳥の友呼ぶ声は」

「ちりちりや、ちりちり。ちりちりや、ちりちり。」

と謡いながら舞いだします。舞の途中で酒屋の様子を見たり、酒樽を盗もうと忍び足で近づくところを、「ちりちりや、ちりちり」の謡だけで表現しなければなりません。酒屋の様子を見るところはひっそりと、しめしめと思う所は力強く。酒樽に近づく時は声を潜《ひそ》めて気付かれないようにと、謡の間をとったり、強弱を付けながら演じます。そして太郎冠者は、酒樽を持って帰ろうとしますが、酒屋に感づかれて失敗します。

続いて《山鉾》を引く様子について説明します。

また酒屋を相手にして、その場面を二人で再現しようとします。酒樽を曳山に見立てようとする太郎冠者に酒屋は、

「これは山には、ちと小さかろう」

と拒みます。太郎冠者は、

「小そうはござれども、此方さえ山じゃと思し召さば、ざっと済むことでござる」

と酒屋を納得をさせるのです。

「此方には、ようさやちょうさ、ちょうさやようさと言うて囃させられ。私は、えいともえいとも、えいともなと言うて、山鉾を引くところをいたしましょう」

と太郎冠者は酒屋に持ちかけます。酒屋もすっかりその気になり、

「ようさやちょうさ、ちょうさやようさ」

「えいともえいとも、えいともな」

とかけ声を掛けながら囃しだします。

この場面のコツは、最初はゆっくりと囃していき、段々とスピードアップをしていくところです。演じている方も見ている方も、心が浮き出すように囃さなければなりません。そして三回目に引き綱を肩に掛け、一気に橋掛りまで引きずっていきます。酒屋は慌てて制するのですが、太郎冠者は、

「これが山鉾を引く所でござる」

と言います。酒屋は、

「山鉾を引く所、面白うない」

と引き綱を引き取ります。この時がこの曲の、テンポや気持ちを最高潮に持っていくところです。その後酒屋は、

「もそっと他の話をせい」

と、ここで一気にテンションを落とします。ここではなるべく落差をつけたいです。太郎冠者も同じようにテンションを落として、

「私も話しとうはござれども、内も忙しゅうござる。行て代わりを取って参りましょう」

と、帰ろうとします。酒屋は、

「今一つ話いたりと、さのみ手間の取るるものでもあるまい」

と太郎冠者を引き留めるのです。しかし太郎冠者は、

「如何ほど話いたりと、あの樽を代わり無しに遣らせられず。行て代わりを取って参りまし

ょう」

と帰ろうとします。しかし酒屋は、そんなことは待ってはいられない。もっと話が聞きたい。だから、

「今度話が面白う出来たならば、あの樽を代わり無しに遣るまいものでもないわさて（次の話が面白かったら、褒美に酒樽をタダでやる）」

と言います。ここも太郎冠者の策略です。この一言を言わせるように、半分拗ねた気持ちを入れながら応対します。

そして最後に、二度とも酒樽を使った話をしたので流石に警戒するであろうと考えた太郎冠者は、酒樽を使わない《流鏑馬《やぶさめ》》の話をします。

「此方は扇を広げ、馬場のけ、馬場のけと言うて、馬場先の人を払わせられ。私はお馬が参る、お馬が参ると申して、色々と曲乗りをいたしましょう」

と、太郎冠者は落ちている竹の棒で、竹馬にして曲乗りをしようと提案します。樽を使わないことに気を良くした酒屋は、楽しそうに「馬場のけ、馬場のけ」と言いながら舞台上を走り回ります。太郎冠者も「お馬が参る。お馬が参る」と言いながら酒屋の後を付いて行く途中で、酒樽を取って橋掛りまで持っていきます。樽を取られたことに気付いた酒屋は、太郎冠者に向かって、

「ヤイヤイ、ヤーイそこな奴」

　と声を掛けます。太郎冠者は、

「ヤァ」

　と返事をしますが、この「ヤァ」には、「ヤァー！」と「ヤァ？」と二通りあるように思います。私の父（五世千作）などは「ヤァー!!」と驚いたような返事をしますが、私は「ヤァ？」と訊ねるように答えます。酒樽を取ったのですが、気持ち的には「ん、どうしたの？」という気持ちですね。

酒　　屋「その樽をどれへ持って行く」
太郎冠者「これか、これか」
酒　　屋「なかなか」
太郎冠者「頼うだ方へ」
酒　　屋「なんじゃ頼うだ方へ」
太郎冠者「お馬が参る、お馬が参る」

　と幕に入ります。酒屋は「なんじゃ頼うだ方へ？」と驚くのですが、太郎冠者は上手く「お馬が参る、お馬が参る」を付け加えて、「頼うだ方へ、お馬が参る」と受け取れるように答えます。そして酒屋は、

「南無三宝。またしてやられた。あの横着者、誰ぞ捕らえてくれ。やるまいぞ、やるまいぞ」

と追い込み、終演します。

私は、このような構成で『千鳥』を演じています。しかし、すべてがこのままではありません。相手役の考えなどもありますので、これをベースとして演じますが、これはあくまで私の主観です。茂山家の役者全員がこの考えで演じているわけではありません。読者の皆様は、私の狂言解体新書を読んで、また違う役者の『千鳥』を見た時に、新たな発見、新たな魅力を感じてもらえるのではないでしょうか。これこそが狂言の奥深さ、面白さだと思います。

本神文

繩ぶひ

其の二
縄綯

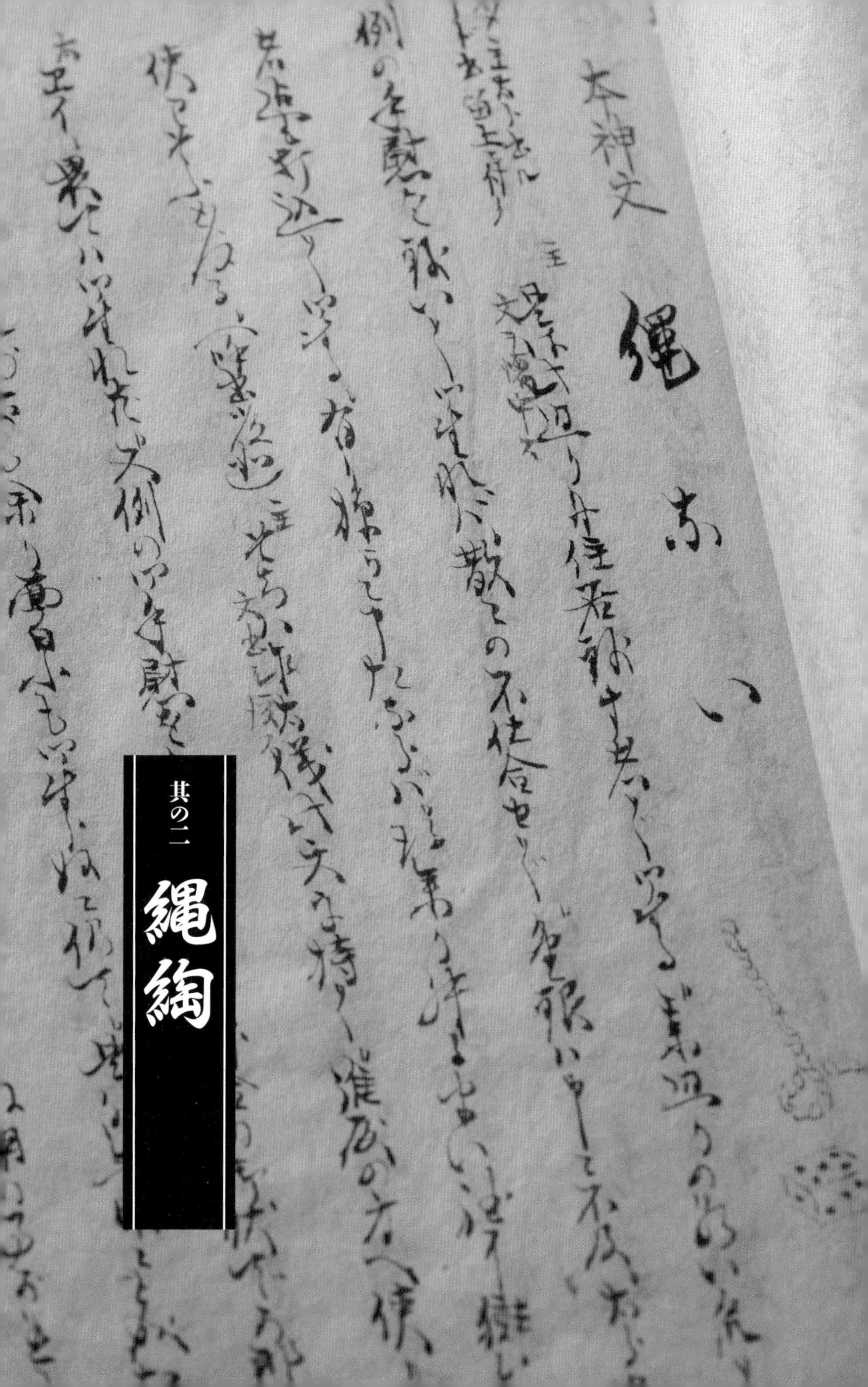

第2回目は『縄綯《なわない》』です。
この狂言は祖父（四世千作）や千之丞叔父（先代）または曽祖父（三世千作）も得意とした、千五郎家のお家芸ともいえます。太郎冠者を主人公とした小名狂言の五指に入る曲だと思います。

では簡単にあらすじを。

博打好きな主人は、いつもの通り太郎殿と博打をしますが、案の定負けてしまい、太郎冠者を太郎殿に差し出す約束をします。しかし、本当のことを言っては太郎冠者が納得しないと思った主人は、太郎冠者に嘘をついて使いに出します。先方に着いてから事情を知った太郎冠者は、不貞腐れてしまい、仕事をボイコットします。太郎冠者をもてあました太郎殿は、主人のところに来て金銭で払ってもらうように頼みます。事情を察した主人は太郎冠者を戻してもらい、太郎殿の目の前で太郎冠者を使ってみせて、その働きぶりで判断をして欲しいと頼みます。何も知らずに帰ってきた太郎冠者は、主人の前で縄を綯《な》いながら太郎殿の家の様子や家族の悪口を喋りだしますが、途中で主人と太郎殿が入れ替わっていて……。

この曲では家の様子や悪口を話す「語り」がメインになります。しかも視線を左右に振りながら、落語さながらに語るところが見どころになります。ちなみに太郎殿に実際の役者の名前を使う時もありますが、今回は分かりやすいように太郎殿でいきます。

では、解体していきましょう。

まずは主人が名乗りで、

「辺りの若い者と、例の手慰みを致いてござれば、散々の不幸せで、金銀は申すに及ばず、太郎冠者までも打ち込うでござる。有り様に申しては、えぇ参りませぬによって、誑《たら》いて遣わそうと存ずる（博打に負けて、借金のカタに太郎冠者を差し出すことになったが、嘘をついて使いに出そう）」

と言います。主人は太郎冠者を呼び出して、太郎殿の家に文を持っていけと言いますが、太郎冠者は、どうせ博打をする誘いの文だろうと言って断ります。しかし、主人は頑として引きません。命令なので、太郎冠者は渋々使いに出かけます。その道中の太郎冠者の台詞に、

「余の人は五度に一度はお勝ちゃるが、こちの頼うだ人の様に、今日も負けた。又負けた。あの様に負けても負けても、何が面白い事じゃ知らぬ。あれが世話に言う、下手の横好きと申すものでござる」

とあります。私も多少賭け事をしますが、主人の気持ちはとても解ります。勝ち負けよりも「勝負をしている」ことが楽しいのです。博打をしない人には到底理解してもらえませんが……。今も昔も、人の心は変わらないものですね。

太郎殿の家に着いた太郎冠者は、文を持ってきた旨を伝えます。すると太郎殿は家の中に通るように言いますが、太郎冠者は合点がいきません。どうも話が食い違うので、太郎殿は

太郎冠者に文の内容を見せると、「借金のカタに太郎冠者を差し出す」という証文でした。騙されたと思った太郎冠者ですが、そこは面に出さず、

「私は奉公人のことでござれば、何處《いずく》でご奉公致すも同じことでござる。つーっと不調法者でござるが、ずいぶんお目長に使うて下され」

と言いますが、ここから一気に態度が変わります。太郎殿が山向こうまで使いに行けと言えば、持病に脚気（むくみから起こる足の痺れる病気）があるから、馬に乗らないと行けないと言います。次に縄を綯えと言われると、縄など綯ったことがない。たまに綯うと左縄に綯って役に立たないと断ります。すこし怒った太郎殿は、家にいて水でも汲んでおけと言うと、ここで太郎冠者はプチンと切れて、

太郎冠者「のう太郎殿」
太郎殿　「何じゃ」
太郎冠者「この太郎冠者は卑しい御奉公は致せ、終に水など汲うだことはござらぬ」
太郎殿　「それならば最早良いわいやい」
太郎冠者「はて良うござらいで」
太郎殿　「何の役にも立たぬ奴、すっ込うで居よ」
太郎冠者「アーッ」

といって、太郎冠者は奥に引っ込んでしまいます。ここの二人のやり取りが、太郎冠者と太郎殿の関係や、また後に出てくる太郎殿の性格を決定づける要因となるので、お互いに丁寧に演じたいところです。

あまりの太郎冠者の態度に驚いた太郎殿は、主人のところにやってきて、金銭で支払うように頼みますと、主人が訳を聞きますと、太郎殿は「山向こうに使いに行けと言えば、馬に乗らないと行けない。縄を綯えと言えば、左縄に綯って役に立たない。あんなに口答えする者は怖くて使えない」と説明します。ここで、怒りに任せて言ったとはいえ、水を汲めと言ったことを隠しているあたりも、太郎殿の性格を表しています。事情を察した主人は、

「有り様に申しませなんだによって、定めて彼奴《きゃつ》が不貞《ふて》たものでかなござりましょう。それならば今一度戻させられて下されい。此方の目の前で使うてお目にかけましょう。お気に入ったならば使わせられい。またお気に入らずば、元の鳥目《ちょうもく》でご算用の致す分でござる（一度太郎冠者を私の元に戻してください。私が使いますので、あなたは陰で見ていてください。その働きぶりで判断してください）」

と言います。太郎冠者を戻す理由も、

「今の間に一勝負したれば、金銀は申すに及ばず、太郎冠者までも打ち負けた」

などと言います。これは名案だと思った太郎殿は、自分の屋敷に戻り太郎冠者を呼び出しますが、太郎冠者は相変わらず不貞腐れています。太郎殿とは正対もせず、受け答えも適当

にあしらいます。しかし、主人のところに戻れると聞くと、一気に態度が変わります。

「やれやれ、それはお名残り惜しい事でござる。私は何時何時までも、此方に御奉公致したいと存じてござるに、それは近頃残念な事でござる」

この台詞は、嫌みたっぷりに言わなければなりません。それを受けて太郎殿も、

「さりながら、これも勝負ずくの事じゃによって、又何時《いつ》何時来て貰わねばならぬやも知れぬ」

と、含みを持たせて答えていますが、太郎冠者はまったく気付きません。意気揚々と主人の家に帰ってきます。

帰ってきた太郎冠者は、出迎えた主人に対し、

「此方も聞こえぬお方でござる。真っ向した訳じゃによって行てくれと仰せられたならば、それを否とは申しまするまいものを、誑《たら》いて遣ると言うことがあるものでござるか」

と怒りをあらわにしますが、主人が謝るとすぐに許してしまいます。ここでも主従関係の深さが見て取れます。ただし「かわいいお上様を打ち込まないようにしなさいよ」と、嫌味も忘れていません。この後主人より、奥の間に沢山のお金があるので縄を綯ってくれと頼まれます。昔は五十円玉のような穴空き銭が主流でしたので、縄などを穴に通して持ち歩いていたようです。また見た目が鳥の目に似ているために鳥目とも言い、狂言の中でよく出てきます。太郎殿の前では下手だと言った縄綯ですが、実は大の得意でした。喜んで縄を綯いだ

し、主人は縄の後を控えるために太郎冠者の後ろに座ります。そこで太郎冠者は、太郎殿の家の様子を主人に語りだします。ここからが『縄綯』の最大の見せどころです。

太郎冠者が太郎殿の屋敷に着いた時の様子を、太郎殿と太郎冠者の二役を一人で演じます。しかも、前半にあった太郎殿とのやり取りを、太郎殿の台詞は下手を向き、太郎冠者の台詞は上手を向いて、あたかも落語のように左右に振って演じ分けて行きます。太郎殿が出て行った後は、太郎冠者が一人で屋敷に残り、台所の様子や、太郎殿の子ども達や奥様の様子を赤裸々に、しかもかなりの悪口を混ぜながら主人に話していきます。しかし、不愉快な感じをお客様に与えてはいけません。そのためには台詞回しを語りとして聞かせます。また縄を綯う型などをタイミング良く、また鮮やかに演じることによって、ひどい表現を丸く柔らかく、面白く演じて行くことが大事になっていきます。ここが難しいところなんですけどね。

調子に乗ってきた太郎冠者は、太郎殿の奥様の話をしだします。その時主人は、

「あのお内儀（奥さん）は殊の外の美人で、人には合わさぬと聞いたが」

と言います。すると太郎冠者は、

「なに美人？　美人。美人、美人、美人。あれは美人では無うて、しっかい鬼人でござる。」

と言います。この台詞をきっかけにして、後ろに座っている主人と太郎殿が入れ替わります。しかし太郎冠者は、内儀は鬼人じゃとバラしたテンションをそのまま保ちながら、後半

まで一気に話していきます。それまでは、主人との受け答えで軽く後ろを振り向いていましたが、ここからは、その主人の存在すら忘れたかのように、話に没頭していかないといけません。ここで少しでもテンションが下がったり、台詞がもつれてしまうと、後ろの主人が太郎殿に入れ替わった効果が半減してしまいます。奥さんの容姿の酷さ、子どもの躾の悪さ。そして最後に奥さんの顔の話になり、調子に乗った太郎冠者は奥さんの顔の様子を、

「私を目々つけたその時の顔は、しっかい鬼瓦」

と言って思わず振り向くと、

「なんの鬼瓦！」

と太郎殿に怒鳴られて、初めて主人と太郎殿が入れ替わったことに気付きます。この時に慌てるのではなく、太郎冠者は固まってしまいます。そして、黙ってすごすご逃げようとしますが、なるべく慌てずに動かないといけません。太郎殿もこの間は一切台詞を言いません。いままでは一気に話してきた太郎冠者ですが、気付いてから数秒の無音の演技をすることによって、最大のテンションの落差が笑いに繋がっていきます。そして最後はお決まりの、太郎殿に怒られた太郎冠者が逃げてゆく追い込みで終曲します。

この狂言の見所は太郎冠者の「語り」ですが、それをより面白くするために太郎殿をかなりの悪人に仕立ててあります。そして太郎冠者も、普段から太郎殿を良く思っていないところが随所に散りばめてあります。しかし太郎殿は本当に悪人なのでしょうか？　私は単にと

ばっちりを受けただけだと思います。本当の悪人は、どうみても主人なのです。博打の負けを一切払わずに、簡単に太郎冠者を差し出す。今で言うと人身売買です。そして本当のことを言うと行かないだろうから、太郎冠者に嘘をついてまで太郎殿に差し出します。これはもう確信犯です。しかも太郎冠者を持て余した太郎殿は、やっぱり金銭で払ってほしいという提案をしますが、主人はあっさり退けて、また嘘をついて太郎冠者を呼び戻します。縄を綯う最中に、太郎殿の悪口を言っているのをわかっていながら、ここでもあっさりと太郎殿と入れ替わります。しかも「してやったり」の様な表情も見せます。完全に太郎冠者を嵌《は》めたようにしか見えません。現代的な感覚では理解しにくいだろうと思い、最近はこの主人の悪さをなんとか表現しようと考えて、主人を演じてきました。例えば、太郎冠者を使いに出す時の台詞は、本来は、

「この文を持って、太郎殿の方へ使いに行てくれ」

と丁寧に言いますが、あえて、

「この文を持って、太郎殿の方へ使いに行て来い！」

と命令口調で言ってみたり、名残惜しそうに「早う行け」と言う所を、「さっさと行かんかい！」と強く言ってみたり。太郎殿に提案する時も意地悪そうに言ったりしてきました。しかし、どれもなかなかしっくり来ないのです。だから私は色々な書物を読んで、主人を悪人に仕立てるような提案をした人がないかと探しました。そこで私は、『千五郎狂言咄』（講談社1983年）の中に、こんな記述を見つけてしまいました。

太郎冠者も、自分が借金がわりに品物のように扱われているのに、それをした主人を憎まず、反対に相手の方には徹底的に抵抗しますね。そこらにも、今日の主人と召使い、雇い主と雇い人という関係とはちがい、中世の主従関係がもっと家庭的で、親しかったことがうかがえます

どうも私の考えは異端のようでした。

其の三

# 蝸牛

蝸　牛

狂言

旅僧の衣を着て、旅僧の衣を着て……

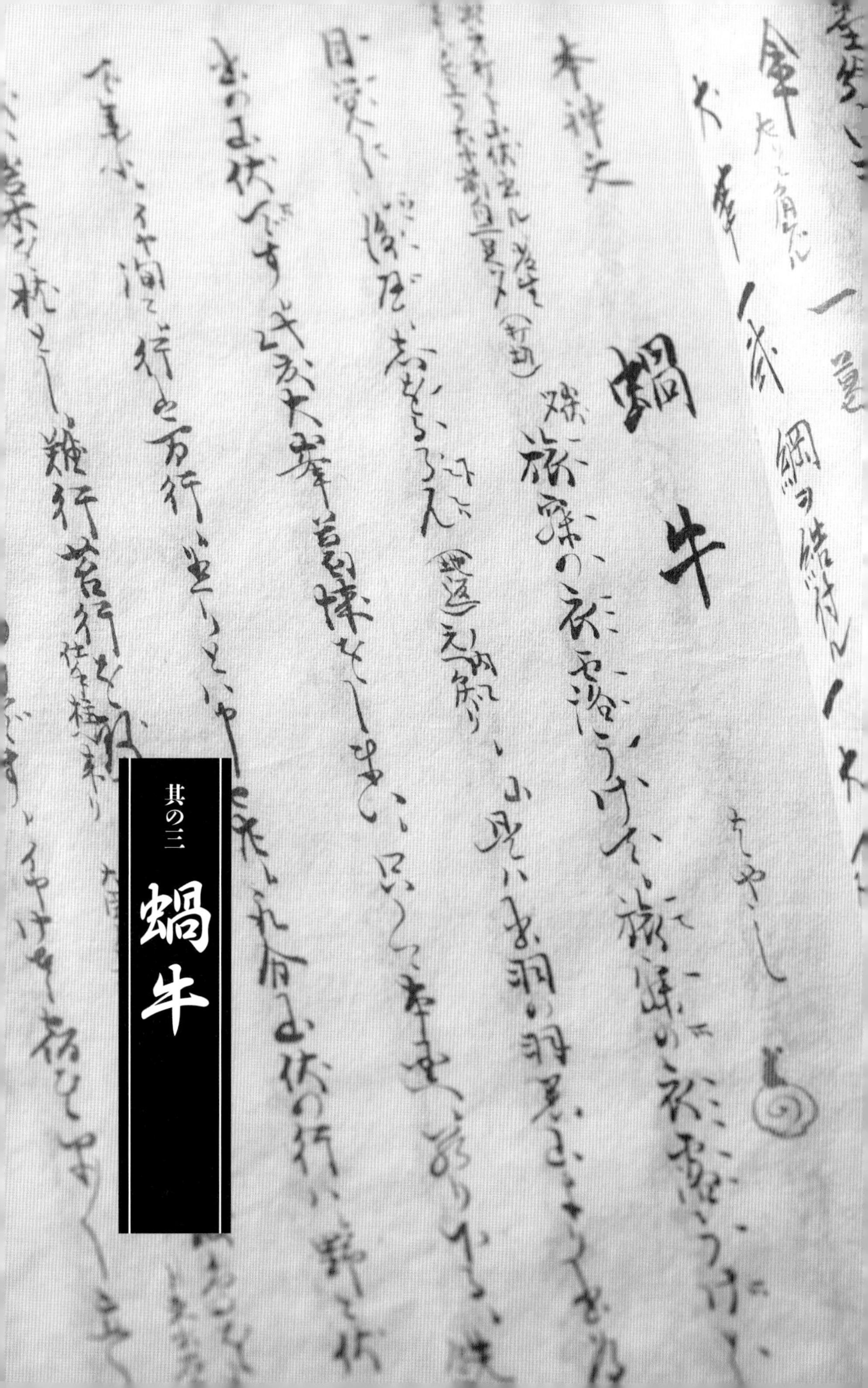

『千鳥』『縄綯』と、小名狂言（太郎冠者が主役の演目）が続きましたので、今回は山伏が主役になる鬼山伏狂言の中より、一番ポピュラーで人気曲の『蝸牛《かぎゅう》』を解体していきます。

では、あらすじから。

出羽国羽黒山の山伏が、大峰山葛城山で修行を終えて、故郷へ帰るために旅をしています。あまり朝早くに宿を出たので、途中の竹藪で昼寝をしていました。そこへ、長生きの祖父のいる主人が登場して、太郎冠者にカタツムリを取りに行くように命じます。しかし太郎冠者はカタツムリを見たことがなかったので、主人からカタツムリの特徴を教わって、村はずれの竹藪までカタツムリを探しにきます。そこで山伏を見つけた太郎冠者は、山伏の格好がカタツムリの特徴と一致したため、カタツムリだと勘違いしてしまいます。山伏は間違えられたことを面白がって、太郎冠者をからかおうとして、二人で囃子物を始めました。そこへ、太郎冠者の帰りが遅いことを不思議に思った主人がやってきて、山伏と遊んでいる太郎冠者を見つけて……。

カタツムリを探している太郎冠者を騙す話ではありますが、祖父の長命を願ったり、最後は全員で囃子物をするので、祝言性のあるおめでたい曲に分類されます。

では解体していきます。

まず始めに山伏の登場となります。幕が揚がると、その場で左足、右足の順に足を上下に

動かします。これを《露の拍子》と言い、山伏の登場では必ずしています。ただし客席からはほとんど見えません。そして舞台に入り、《次第》を謡います。次第は能でもよく謡われますが、狂言でも山伏や鬼などの登場の時に謡います。主に登場人物の行動や思いなどを簡潔に表現した謡です。『蝸牛』では、

「旅寝の衣露受けて。旅寝の衣露受けて。目覚めし後や萎《しお》るらん（旅で野宿していると朝露を受けて、目が覚めると衣がぬれてしまっている）」

と謡います。

その次に《名乗り》になります。名乗りとは自己紹介のことです。

「これは出羽の羽黒山より出でたる、駆出の山伏です。此の度大峰葛城を仕舞い、只今本国へ罷り下る（私は出羽の国、羽黒山の山伏です。今は大峰山・葛城山で修行を終えて、故郷に帰ります）」

狂言に出てくる全ての山伏は、必ず出羽国羽黒山の出身で、大峰山葛城山で修行をしています。大峰山と言えば、修験道の開祖・役小角《えんのおづぬ》が山岳修行をしていた地であり、山伏修行の聖地の一つであったのでしょう。そこで修行を終えた者は、山伏界のエリート。だからかなり横暴であったようです。そのために権力者をコミカルに扱う、狂言の格好の題材となったのでしょう。そして《道行き（場面転換）》となり、

「まず、急いで参ろう。いや誠に、行は万行ありとは申せども、取り分け山伏の行は、野に伏し、山に伏し、或いは岩木を枕とし、難行苦行を致す。その奇特には、空飛ぶ鳥をも目の前へ祈り落とす。これが山伏の行力です（急いで帰ろう。総じて修行は沢山あるが山伏の修行は野山

で寝泊りして、難行苦行をする。そして授かった力は空を飛ぶ鳥を祈り落すほどの力がある。」

どの曲の山伏も道行きの台詞は同じです。実は、山伏の《名乗り》《道行き》は一パターンしかありません。そして山伏は、

「いや、今朝宿を早々発ったれば、いこう眠うなった。辺りに微睡《まどろ》むところはないか知らぬ。いや、これに大きな藪がある」

と、竹藪を見付けて、中に入って昼寝をしてしまいます。

場面が変わりまして、主人と太郎冠者が登場します。主人には長命の祖父（狂言では「おおじ」と読み、お祖父さんのこと）がいて、もっと長生きして欲しいと思っています。するとある人から、蝸牛《かたつむり》を取ってきて食べさせれば、もっと長生きができるという話を聞きます。フランス料理には「エスカルゴ」というカタツムリの料理がありますが、昔は日本でも食べていたのでしょうか。中国では珍味として食べていたそうです。「蝸醢《かかい》」という名の「カタツムリの塩辛」なのだそうです。しかし今では幻の料理となってしまっています。そのほかは、漢方薬としてカタツムリの黒焼きが使われています。中国最古の薬物書の中にカタツムリを「蝸牛」と表記してあります。だから日本には薬として伝えられたと思います。江戸時代の百科事典『和漢三才図会』でも、「くはのきのかたつむりが主に大腸脱肛、及び驚風（脳膜炎のような病気）に効く」とされています。現代でも、かなり高価なものらしいのですが、販売はされているそうです。そのカタツムリを取ってくるように命じられた太郎冠者ですが、カタツムリ自体を見たことがありません。そこで主人は、

「まず蝸牛と申すものは、まず第一頭が黒うて、腰には貝を付け、また折々は角を出すものじゃ。大きいは人ほどもあると言う。藪には必ずいるほどに、詮索をして取って来い」

と、太郎冠者に教えます。人間ほどのカタツムリ。そんな大きなカタツムリがいたのでしょうか。たぶんこれは主人の勘違いでしょう。しかし、これを言っておかないとこの狂言が成立しないので、気にせずにしっかりと言っておきたいところです。

ヒントをもらった太郎冠者は、村はずれの竹藪に探しに行きます。すると昼寝をしている山伏を見付けます。この山伏は、主人と太郎冠者が話している少し後ろでずっと寝ています。というよりも、山伏が寝ているところに、何の躊躇もなく主人と太郎冠者がやってきて、勝手に話を進めていきます。主人が幕から登場した瞬間に、山伏はいないことになってしまうのです。そして太郎冠者が藪に入ると、山伏は何にもしていないのに、急にいることになってしまうのです。現在の演劇では考えられない演出です。

山伏を見付けた太郎冠者は、山伏の頭巾が黒かったので、カタツムリではないかと思い、山伏を起こします。目を擦りながら起き上がった山伏は太郎冠者に気がついて、いま起こしたのはお前かと尋ねます。この時に二通りの演じ方があります。台本通りに言うと、

「えい。今起こいたはそちか」

となりますが、人によっては、

「やい。今起こいたはそちか！」

という人もいます。前者は、いかにも寝ぼけながら太郎冠者の存在に気付いて出た感じの

台詞になります。後者は、寝ているところを起こされて不機嫌な態度の台詞となり、山伏の横柄さや傲慢さを表しています。

太郎冠者からカタツムリではないかと言われた山伏は、自分がカタツムリだと言って太郎冠者をからかってやろうと思います。しかし太郎冠者は、主人から聞いてきたヒントと合っているのか確認します。

「まず第一頭が黒うて、腰には貝を付けたものじゃと申しまする」

と言うと、山伏は、

「これは念の入ったお尋ね様なれど、まずお見りゃる通り、頭は黒いではないか」

と、先ほどの頭巾を見せ、続いて腰に付けている法螺貝《ほらがい》を見せます。狂言で山伏は沢山出てきますが、法螺貝を使う曲は『蝸牛』だけです。次に太郎冠者が、

「また折々は、角を出すものじゃと申しまする」

と言うと、今度は少し困った山伏でしたが、鈴懸に付いているボンボンを角に見せかけます。能楽の世界で鈴懸と呼んでいるボンボンがついたお袈裟は、本当は結袈裟《ゆいげさ》と言い、本当の鈴懸は衣のことを言います。しかしスズカケノキという花があり、ボンボンと良く似ているからその名がついたようです。昔の人も混同していたのでしょう。山伏をカタツムリと信じた太郎冠者は、主人の屋敷まで来るように頼みますが、山伏はいったん断ります。ここが私にはよく分かりません。話の流れからも連れて帰ろうとするのは明白なのに、なぜ断るのでしょう。しかも理由は苦し紛れに、

「この頃は方々でカタツムリが流行って、約束の方が数多《あまた》あるによって、えぇ行かれまい」

　と、忙しいから行けないと言います。しかし太郎冠者に再度、

「ではござりましょうが、これでお目に掛かったも、定めて他生の縁でかなござりましょう。何卒私の方へ来て下されい」

　と頼まれると、条件付きで承諾します。それは、

「この蝸牛は囃子物が好きで、囃子物で行たならば、それに乗じて参ろうぞ」

　ということでした。この囃子物を引き出すためだけに一度断ったのでしょうが、なんともしっくり来ない演出です。私が思うに「主人に遭うと太郎冠者を騙しているのがバレてしまうから」ということだと思います。しかしこれだけでは伝わりづらいので、薪能や学校公演では、

太郎冠者「疑いもない蝸牛殿でござる。何卒私の方へ来て下されい」
山　伏「それはなるまい」
太郎冠者「それは又何故でござる」
山　伏「バレてしまう」

　と私は入れ事をしてみるときもあります。さてその囃子物とは太郎冠者が、

「雨も風も吹かぬに、出な釜打ち割ろう、出な釜打ち割ろう」

と謡い、山伏は、

「でんでんむしむし。でんでんむしむし」

と謡いながら舞を舞います。和泉流では「出ざ釜打ち割ろう」といいます。意味はどちらも「出ないと殻を打ち破るぞ」なのですが、どこで殻を釜と訛ったのでしょう。こういうところも口伝所以ですね。


さて、なかなか帰ってこない太郎冠者を迎えにきた主人は、仲良く囃している二人を見つけます。主人は太郎冠者に、

「あれは山伏という売僧《まいす》じゃいやい」

と注意します。売僧とは、「僧でありながら物品の販売などをする堕落僧。また、僧をののしっていう語。えせぼうず。まいすぼうず」転じて、「人をだます者。うそつき」という意味です。そして主人と太郎冠者と二人掛かりで山伏を懲らしめようとしますが、ついには二人とも浮かれだし、最後は三人揃って謡いながら退場します。


和泉流では《追い込み》（やるまいぞ、やるまいぞと言いながら退場する）で終わる演出がほとんどですが、私ども大蔵流は三人で謡いながら終わります。内容的にはめでたくないのですが、祖父の長命を願ったり、また三人とも囃子物をする楽しい終わり方なので、祝言性のある曲の一つになっています。また途中の山伏の舞は、千五郎家は極端に短いのです。現行では四種類しかありません。二世千作正重の時代より四種類に減ったようです。でも台本には省かれ

た舞は記載されているので、以前ＴＯＰＰＡ！（＊注）ですべてを舞ったことがあります。全部で十種類ぐらいになりました。感想としては「長いなぁ」と思いました。増やしても五〜七種類ぐらいまででしょうか。でも、また機会があれば演じてみたいです。

＊ＴＯＰＰＡ！（心・技・体　教育的古典狂言推進準備研修錬磨の会。通称ＴＯＰＰＡ！）

其の四

# 萩大名

今回は大名が主役となる大名狂言より、『萩大名《はぎだいみょう》』を解体していきます。その前に、狂言に出てくる大名について説明しておきます。皆さんが大名と聞いて想像されるのは、戦国時代に出てくるような石高何万石の有名な武将ではないでしょうか。例えば織田信長・徳川家康・上杉謙信など。しかし狂言に出てくる大名は中世の大名で、わずかな名田（自分の名を冠にした田畑）を持っている領主ぐらいなのです。

ではあらすじから。

裁判のために長らく在京している大名は、退屈凌ぎのために、萩の花が満開の庭を見物することになりました。しかし、そこの亭主は庭を見にきたお客に、当座（即興で歌を詠む）をしてもらう趣味がありました。そこで太郎冠者に「七重八重。九重とこそ思ひしに。十重咲き出づる萩の花かな」という歌を教えてもらい、意気揚々と出かけていきます。庭の様子を褒めていた大名ですが、いざ歌を詠む時分となり……。

たった三十一文字の和歌を覚えることができない大名の様子。また、その大名に振り回される太郎冠者や庭の亭主の慌てぶりが笑いを誘う人気曲です。

では解体していきましょう。

まずは大名が登場して、

「遠国に隠れもない大名です」

と名乗りをします。大名や山伏の名乗りの特徴は「〜です」と言います。よくお客様より「現代の言葉使いをするのですね」などと言われますが、実は室町時代以降には使われていた言葉なのです。「〜で候」や「〜でございます」より転じたようで、少し卑俗を含んだ丁寧語として使われていたようです。現在のような使われ方は明治以降です。だから大名や山伏などの権力者の名乗りに「〜です」を使うことによって、少し俗っぽい荒々しい役柄を表現しようとしたのでしょう。そして大名や山伏は、ほとんど「〜でござる」を使いません。また「遠国に隠れもない」ということは、地元では知らない者はいない有名人だと威張っています。徹底した役作りなのです。

「永々在京致すところ、心が屈して悪しいによって、今日はどれへぞ遊山に出《じ》ょうと思うが、何とあろうぞ（長い間京都に滞在しているので、退屈で仕方がないので、太郎冠者を呼び出して、珍しい所へ遊山に行きたい）」

と提案します。すると太郎冠者は、

「いや私の存じまするには、つーっと下京辺に、良い造り庭を持たせられたお方がござるが、此の頃は宮城野の萩が真っ盛りじゃと申しまするによって、あれへお腰を掛けさせられては何とでござる（自分の知りあいが良い作り庭を持っており、今は宮城野の萩が満開です）」

と提案します。しかし庭の亭主には、庭を見物したお客に「当座」をしてもらう趣味がありました。この当座とは、庭の景色を見て即興で歌（和歌）を詠んでもらうことです。しかし大名は当座の意味がわかりません。太郎冠者に歌のことと教えてもらうと、小謡のことと勘違いをして、いくらでも謡うと言います。そうではなく三十一文字（五・七・五・七・七）の歌だと太郎冠者に言われても、三十一文字の謡もあるが五十字・七十字の謡もあると反論します。最後に「みそひともじ（三十一文字―短歌・和歌の意）」といって三十一文字より長くても短くても駄目なのだと諭されると、

「そのような難しいところならば、もはや行くまい」

と、駄々をこねます。そこでの太郎冠者の反応が、

「さてもさても苦々しいことじゃ」

といい、自分の知っている、

「七重《ななえ》八重《やえ》。九重《ここのえ》とこそ思ひしに。十重《とえ》咲き出《い》づる萩の花かな」

という和歌を教えます。ところがこの歌を大名は覚えることができません。しかも、一年や二年かかっても覚えられないと言います。そこで太郎冠者は、

「さてもさても、愚鈍なお方じゃ」

と言って、カンニングの仕方まで大名に教えます。能楽に使う扇子は、骨が十本あります。まず骨を七本と八本を見せて「七重八重」を表し、九本で「九重」、全ての骨を見せて「十重」を思い出す作戦です。これで完璧だと思った大名ですが、最後に残っている「萩の花かな」も覚えられないと言いだします。ついに太郎冠者は、

「さてもさても、気の毒なお方じゃ」

と言い、萩の花のカンニングを考えます。太郎冠者はいつも大名に「脛脛《すねはぎ》の伸びた奴」と

言われていることにヒントを得て、向こう脛と自分の鼻を見せて、萩の花を思い出さそうとします。少し分かりにくいですが、「脛＝すね」とも読みますし「はぎ」とも読みます。そして「脛脛《すねはぎ》の伸びた奴」とは「背が高いばかりで、役に立たない者」という意味です。このカンニングのやり取りで、特に太郎冠者を演じている時に気をつけているのは、覚えられない大名の姿について、太郎冠者が、

「さてもさても、苦々しいことじゃ」

「さてもさても、愚鈍なお方じゃ」

「さてもさても、気の毒なお方じゃ」

と、徐々に印象が悪くなるように言い方を変えて表現するところです。ここはできれば三段オチのような感じに持っていき、「気の毒なお方じゃ」でしっかりと落としたいものです。

さて和歌のカンニングまで仕込んだ大名は、意気揚々と出掛けていきます。その道中に、太郎冠者から、

「此方もあれへお腰を掛けさせられたならば、此処彼処に気を付けて、随分と褒めて遣らせられい（庭の様子を見てちゃんと褒めてあげましょう）」

と催促されても、

「褒め足らぬところがあらば、汝良いように褒めておけ（足らなかったら太郎冠者からも褒めておけ）」

と、なぜ褒めなければならないかも良く分かっていません。そして作り庭を持っている亭主のところにつき、庭の方に通されます。そこで庭の景色を褒めようとしますが、やはり上手く行きません。

まず、梅の古木を「梅のごもく（芥＝ごみ）」と言ってしまい、切り取って茶臼の挽木にした方が良いと言ったり、庭に立ててある立石を「竹石」と言い、突起したところを打ち掻いて火打石にしろと言います。挙げ句の果てに、萩の花が落下するのを「萩が落馬した」と間違える始末。太郎冠者も呆れ果てたところで、亭主より和歌の所望があります。太郎冠者は大名の陰に座り、扇子を大名に見せるのですが、大名は和歌をすっかり忘れています。扇の骨を七本八本と見せると、

「七本に八本」

と言い、九本を見せると、

「九つ時《ここの》」

十本すべてを見せると、

「パラリと開いた」

と、見たままを答えてしまいます。その都度太郎冠者は耳打ちをして教えるので、大名も辿々《たどたど》しくも和歌を詠むことができました。しかし、大名のあまりの覚えの悪さに呆れ果てた太郎冠者は、最後の「萩の花かな」を自分の脛と鼻を見せただけで、

「あのような愚鈍な人には、ちと恥を与えたがようござる」

と言って、席を外してしまいます。大名は最後の句を詠むために、今一度太郎冠者を見てカンニングをしようとしますが、もうそこには太郎冠者はいません。すると大名は和歌を詠むことを忘れて太郎冠者を探しだします。不審に思った亭主は、最後まで和歌を詠むようにと催促しますが、大名は太郎冠者がいないので詠めないと言います。それでも詠んで欲しいと懇願すると、大名は「七重八重」と言いだします。それは最初の句だと指摘すると「九重とこそ思ひしに」だと。その次だと言うと「十重咲き出づる」だと言います。それだけだと字が足りないと亭主が指摘すると、

「字が足らずば、十重咲き出る。出るや出ると、其方の足る程、足しておかしめ」

と言い、それでは和歌の心が短いと言えば、

「短くば、十重咲き出る——と、其方の足る程、何時までも引いておかしめ」

と言い出す始末。ついに怒った亭主は、大名を投げ飛ばしてしまいます。倒れ際に自分の脛を見た大名はやっと思い出します。そして、

大名「十重咲き出づるの後は、物と」
亭主「何と」
大名「太郎冠者の向こう脛と鼻の先」
亭主「あの何でもない人、とっとと行かしめ」
大名「面目もおりない」

と言って退場し、終演します。

この狂言の大名は阿呆大名の典型のように思われがちですが、けっしてそうではないと思います。少なくとも地元に帰れば「隠れもない大名」ですから、成功者なのです。大名の地位に上り詰めたのですから、阿呆ではないはずです。ただちょっと教養がなかったために、このような失敗談になってしまったのです。またこの大名自身が可笑しいだけではなく、その大名に振り回されている太郎冠者や亭主が面白いのだと思います。だからこそ私がこの『萩大名』の大名を演じるときは阿呆ではなく、純朴・純粋な、子ども心を残しているような大名を演じたいと思います。

其の五

# 福の神

今回は、祝言性の高い脇狂言の中から代表作『福《ふく》の神《かみ》』を解体していきたいと思います。この分類には神様の出てくる狂言や、百姓の出てくる狂言などが含まれます。なぜ百姓物がめでたいかと言いますと、百姓は都に年貢を納めに行きます。安心して年貢を納められるということは、その年が豊作であったことなので、めでたい脇狂言となっています。脇狂言の代表作としては『佐渡狐』などがあります。

では、『福の神』のあらすじから。

今年も福の神の社にやってきた参詣人二人は、参拝を済ませたあとに、豆を囃します。すると社殿から笑い声が聞こえてきて、福の神が現れます。福の神は、驚く二人に酒の奉納を催促します。そして幸せになる秘訣を教えて、再び社殿に帰っていくのでした。

とても人間味のある、親しみやすい福の神が登場する、お祝いごとや新年には欠かせない、脇狂言（祝言物）の代表作です。

では解体していきます。

狂言の始まりは、ほとんど《名乗り》から始まります。代表的なのは、

**「これはこの辺りに住まいいたす者でござる」**です。しかし、この『福の神』には名乗りの常套句がなく、その後に続く、

**「一日一日と送るほどに」**

から始まります。当然ながら曽祖父（三世十作）が書いた台本にもありません。これは千五郎家のみのようで、他家ではちゃんと名乗りから始まります。じつは千五郎家では、正重（二世千作）の時代に《おとぎ狂言》といって子ども向けに短くなったり、変わった演出がたくさんできたと聞いています。他には『蝸牛』の舞が減ったり、『禰宜山伏』の祝詞が短くなったりしたようです。当然『福の神』もそのうちのひとつと思っていましたし、父に確認しても「正重の時からや！」と、豪語していました。しかし調べてみると、正甫（初代千作）が記した台本も「一日一日と送るほどに」から始まっていたのです。どのような経緯で《名乗り》が無くなったのか、新たな謎ができてしまいました。これについては、後日調べたいと思います。続いて、

「当年もはや良い年の暮れになってござる」

と言います。この『福の神』はめでたい曲なので、新年や祝宴などにする機会が多いので、その時は「良い年になってござる」といいます。機会で言えば後者のほうが多いですし、お客様も聞き慣れている方は後者の方ではないでしょうか。実は『福の神』は年越し大晦日の狂言なのです。そうでないと、あとで《豆を撒く》のが不自然になってしまいます。色々書いてきましたか、要するに「大晦日になったので福の神の社にお参りに行こう」ということです。そして、毎年一緒に行く人がいるので誘いに行きます。連れの家に着くと《案内を乞い》ます。ここも狂言の常套句で、

「物申、案内申」

「いや表に物申とある。案内とは誰そ、どなたでござる」

「私でござる」

「えい、こなたならば案内に及びましょうか。なぜツーと、通りはなされいで」

「私も左様存じてはござれども、もしお客ばしござろうかと存じ、わざと案内を乞うたことでござる」

「それは何時もながら、御念の入らせられたおことでござる。して今日は、なにと思し召してのおいででござるぞ」

となるのですが、『福の神』ではここの台詞も、

「私でござる」

「えい。こなたのお出でを待っておりました」

「それならば、いざ参りましょうか」

「それがようござりましょう」

と、簡略化されてます。これも千五郎家独特です。そして二人連れ立ってやって来た参詣人は、神前で参拝をして豆を囃します。現在豆撒きと言えば二月三日の節分ですよね。「なぜ年越しに豆撒き？」と思われる方も多いと思います。元々豆撒きは「追儺《ついな》」と言い、大晦日の宮中の年中行事であり、平安時代から行われている鬼払いの儀式なのです。つまり大晦日に豆撒きをして鬼を追い払って、新年を迎えていたのです。だから本当は名乗りで「年の暮れ」にしないと矛盾があるのですが、そんな細かいことはいいのです。また、そのころの正

月は今の旧正月。立春（二月四日ごろ）の前後です。旧暦から新暦に変わったのに、豆を撒く習慣だけは移動せず、近くにあった節分で豆を撒くようになった説と、もともと節分にも豆を撒いていたのが融合した説と、両説あるそうです。余談ですが、節分は二月三日が有名ですが、季節の変わり目、立春（二月四日ごろ）・立夏（五月五日ごろ）・立秋（八月七日ごろ）・立冬（十一月七日ごろ）の前日が節分と言うのです。

さて神前に向かって豆を囃していると、どこからともなく笑い声が聞こえてきて、福の神が登場します。その時の笑いは、「小笑い」「中笑い」「大笑い」と、三通りの笑いをします。これは、より遠くから福の神がやってきたように見せる工夫だと思います。福の神の登場に喜んでいる二人でしたが、福の神は何時もくれる神酒がないと言って催促します。こういうところが狂言の神様らしい、人間味あふれた演出になっています。慌てて神酒を奉納すると、福の神は「余の神々にも供えよう」といって、多くの神様、なかでも酒の神様である松尾大社に供えて、その余りを福の神が飲みます。そして二人に幸せになりたいかを尋ねると、当然二人は幸せになりたいと答えます。しかし福の神は「幸せになるには元手がいる」と答えます。これを聞いた二人は驚きます。元手とはお金のこと。そのお金が欲しいから、このように福の神に参詣し、お願いをしているのだと言います。これには福の神も困ってしまいますが、福の神の言う元手とは、心の持ち方、考え方のことでした。正しい気持ち、考え方を持つことが、幸せを掴む秘訣だと言うのです。最後に正しい気持ち、考え方とはどのようなことなのかを、謡と舞で二人に教えます。ではその謡を紹介します。

「いでいでこのついでに。いでいでこのついでに。楽しゅうなるよう語りて聞かせん。朝起き疾うして（朝は早くに起きて）慈悲あるべし（神仏を敬う）。人の来るをも厭うべからず（来客を嫌がらず）。夫婦の中にて腹立つべからず（夫婦喧嘩をせず）。さてその後に。我等がような る福殿に。如何にもお仏供を結構して（私のようなる福の神にまで、米飯を供え）。さて中酒（食事中に飲む酒）には古酒を。嫌と言うほど盛るならば。嫌と言う程盛るならば。嫌と言う程盛るならば。楽しゅうなさでは叶うまじ」

そして、高らかに笑いながら社殿に帰っていきます。

この狂言は笑いどころがほとんどなく、終始めでたい雰囲気のまま終わります。そのため普段の狂言とは台詞回しなども少し違い、謡うように話すのだと教えられました。また前半の回りくどい台詞はカットしてスピーディーに展開していくところなども、図らずもめでたさに集中させている要因かなと思います。また福の神の役に必要なものは、めでたさは当然ながら、気品・透明感だと思います。そのため福の神の役を演じる時に心がけていることは、台詞の抑揚、トーンの高さ、透明感、笑いの品の良さです。そして、これら全てを持っていた人は、曽祖父・眞一（三世千作）でした。舞の上手さは当然ながら、上品さ・清潔感のある福の神でした。いつかはあのような『福の神』を演じられるようになりたいです。

其の六

# 鎌腹

今回は聟女《むこおんな》狂言より『鎌腹《かまばら》』を解体します。

狂言に登場する女性は、総体的に「わわしい女」と言われています。語源としては「泡々しい」からきており、泡がぶつぶつと破裂するように、小言が多い、口うるさいという意味のようです。だから怠け者の夫を大声で叱り飛ばし、叱咤するようなイメージになりがちです。しかし根底には、夫に何とか頑張ってもらいたいという愛情があることがほとんどです。特に『鎌腹』は、妻の愛情がよくわかる作品ではないでしょうか。

日頃からほとんど家に帰ってこない怠け者の太郎に腹を立てた女房は、鎌を括り付けた棒を振りかざして太郎を追いかけまわしています。騒動を聞いて駆けつけた仲裁人が止めに入り、理由を聞くと、太郎が山へ薪を取りに行ってくれないとのことでした。仲裁人に諭されて山へ行くことになった太郎ですが、女房に殺されるぐらいならば自分で死んでやろうと決意します。そして色々な方法で死のうとしますが、なかなか死ぬことができません。そうこうしているうちに、自殺をしようとしていることを聞きつけた女房が、止めにやってきて……。気の弱い太郎が、怖がりながらも頑張って死のうと、一風変わった死に方を思いつきます。そのバリエーションも面白い狂言です。

では、解体します。

狂言のほとんどは《名乗り》という、

「これはこの辺りに住まいいたす者でござる」

という台詞から始まりますが、この『鎌腹』は、いきなり話の中心から始まります。幕の内から男の逃げ惑う声と妻の罵声が聞こえたかと思うと、幕が上がり、男は這々《ほうほう》の体で逃げ回り、妻は鎌を括り付けた棒を振り回して登場します。様子を見かねた仲裁人が何とか二人のなかに割って入り、妻に騒動のわけを聞きます。妻が言うには、

「これの男は、三界を家となし、夜泊り日泊りをし、世帯の事は少しも構わず、屋根の洩りまでも妾にさせまする（三界＝世の全てに家があるように、いろんなところで夜泊まり日泊まりをして、家の用事は全くせず、屋根の修理という男の仕事も女性にさせる）」

と言います。また久しぶりに帰ってきたので、山へ行って薪を取ってきてくれと頼んでも、なかなか行こうとしない。こんな役立たずな男は、生かしておいても意味が無いので、鎌で打ち殺して自分も死ぬと言います。仲裁人は、自分が叱るから任せるようにと諭し、夫に意見をしますが、夫にも言い分があります。

「私が夜泊り日泊りを致すも、これ皆世帯を大切に存じての事でござる。私は彼方此方に旦那衆を持っておりまするによって、それへ参れば、太郎良う来たと言うて泊められまする。それへ参り、あれへ参らずにはおかれず、それからあれへ、あれからそれへと駆けて参りまするによって、自然戻りも遅なわりまする。たまたま戻れば、私をせびらかしまするによって、用の無い時も戻らぬ事がござる。今朝も今朝とて、戻るとまだ碌々《ろくろく》居直りもせぬ内に、山へ

行けと申しまする。私も参らぬではござらぬが、余りに霧が深うござったによって、ちと休息を致いて参ろうと申うしてござれば、何が待て暫しの無いわわしい女でござって、あれ、あの通り、棒乳切木を持って追い走らかしまするによって、ほうど迷惑を致す事でござる」

自分が夜泊まり日泊まりをするのは、大切なこと。自分は色んなところにお得意先があるから、付き合いのために帰るのが遅いのだ。しかし、自分だけ我慢をして妻の言うことを聞いていれば円満に済むから、薪を取りに山へ行こうとします。案外この辺りは、とても純朴なイメージで描かれています。妻から鎌と棒を受け取った仲裁人は、夫に渡す際に、

「其方が又しても又しても夫婦争いをするによって、地下の衆や他郷の衆が皆後指を指いてお笑らやる。身共も今日こそは出会うたれ、此の後は夫婦争いをしたりとも出会いはせぬ程に、そう心得さしめ（あなた達はいつも夫婦喧嘩をするから、みんな後ろ指を指して笑っている。今日は止めに入ったけど、今後は止めには来ないから、そう思いなさい）」

と諭します。そのやり取りでさえ鬱陶しい妻は、夫へ早く山に行くようにと騒ぎ立てながら退場していきます。ひとり残った夫は、誰も居ない幕に向かって、

「今行くわいやい」

と声をかけます。妻が居る間はボソボソ喋っていた夫が、妻が居なくなってから怒鳴るところに、虚勢をはっている夫の姿が見えます。

さて一人残った夫は、仕方なく山へ行きます。その道中でふと気付きます。

「夫婦争いをするとあって、地下の衆や他郷の衆が、皆後指を指いてお笑らやる。身共も今

日こそは出会うたれ、この後は夫婦争いをしたりとも出会いはせぬとおしゃった。とても死ぬる命ならば、あの様な女に打ち殺さるるより、淵川へ身を投げて死んで退《の》きょうと存ずる」

と、自殺を決意します。その方法は、百姓に似合ったように、鎌を使って腹を切る。これからが、この狂言の見せ場です。

最初は鎌で腹を切ろうとします。そう、これこそが《鎌腹》なのです。本来ならば着物を脱いで腹を見せる（諸肌を脱ぐ）のですが、芝居ではできません。そこで肩衣を両肩脱いで、着物を脱いだことを表現します。いざ鎌腹をしようとしますが、その前に皆に「触れ」をします。

「いや喃々《のうのう》。地下の衆も他郷の衆も良うお聞きゃれ。太郎は又しても又しても夫婦争いをするとあって、其方達は皆後指を指いてお笑やるげな。それじゃによって太郎は男が立たぬによって、此処で鎌腹をして死ぬが、誰そ見には来ぬか（いつも夫婦喧嘩をするとみんなが笑うから、このままでは面目が立たないので、鎌腹をして死ぬぞ。誰か見物には来ないか）」

と言います。宣言みたいなものです。能の間狂言でもよく「触れ」というものが出てきます。何か行動を起こす時はしなければいけない決まりごとであったのでしょう。これから自殺をしようというのに、なんとも律儀な男ですが、こういうところにも純朴さが現れていますす。ついに鎌腹の段階になり、勢いをつけて鎌を腹に突き立てます。しかし恐怖のために、途中で鎌を捨ててしまいます。つぎに思い付いたのが、鎌で首を切る「鎌首」です。そして、死に方が変わったため、触れ直します。

「いや喃々。地下の衆や他郷の衆もようお聞きゃれ。太郎はちと分別が変って、此の度は鎌首と言う事をして死ぬが、誰も見には来ぬか」

やっぱり律儀な男です。今度は拍子をつけて鎌首をしますが、また途中で鎌を捨ててしまいます。そこで夫は考えました。手に持っているから、ついつい恐怖心で手を離してしまう。今度は手を使わずに、草むらに鎌を立てかけて、遠くから走り掛かって鎌に飛び込む「走り腹」を思い付きます。橋掛りの一ノ松より脇座に向かって勢いよく走って行きますが、また直前で怖くなり、鎌を飛び越してしまいます。今度は、自分の目が臆病なのだから、さっきのところより目を塞いで同じようにして死のうと、「目暗腹《めくらばら》の走り腹」を思い付きます。ここで、

「いや喃々。地下の衆や他郷の衆も良うお聞きゃれ。太郎はまたしても分別が変って、ちと面目もござらぬが、此の度は目暗腹の走り腹と言う、いち珍しい死に様をするが、誰そ見には来ぬか。後学の為に見ておかぬか」

と、今一度振れ直してから「目暗腹の走り腹」をしますが、やはり直前になると目を開いてしまい、失敗してしまいます。夫はもっと他の死に方はないか考えているところで、ふと気付いてしまいます。

「身共は狼狽《うろた》えた。誰見た者とてはなし。某さえ堪忍をして山へ行けば、死ぬには及ばぬ事じゃ。こりゃ死ぬのは止めに致そうと存ずる」

誰が見ているわけでも、聞いているわけでもなく、自分さえ辛抱して山へ行けば、死ぬ必

要はない。やっぱり死ぬのは止めよう。今までの芝居を全て台無しにしてしまうようなどんでん返しです。またあっさりとやめてしまうあたりにも、男の純粋さが出ています。このように、鎌腹・鎌首・走り腹と段々進んでいくうちに、夫のテンションが上がっていきます。しかし、死に向かっていくためのハイテンションではなく、遊び感覚で、段々楽しくなっている感じで演じたいです。特に鎌首から走り腹の時は、「触れ」がありません。狂言での繰り返しの基本は三回です。最初に一回。鎌腹から鎌首の間に一回。走り腹から目暗腹の走り腹の間に一回で、三回です。たぶん全ての間に「触れ」を入れてはくどくなり、回数も四回とおかしくなるので、あえて入れなかったのだと思います。でもこれを逆手に取り、「段々面白くなってきたから忘れてしまった！」みたいにしたいものです。そして目暗腹の走り腹が失敗した時、鎌を見ながら夫は笑います。これは死ぬ気でいたのに直前で臆病になって止めてしまった自分に対する嘲笑ですが、なるべく枯れた笑いにして、哀愁が出るようにします。そして次の死に方を考えている時に、ふと死ぬ必要のないことを思いつく流れにしたいのです。自殺という重いテーマなのですが、どこか遊び感覚でやっているので、カラッとした喜劇になるのでしょう。妻と仲裁人が退場してからここまでが、夫の独り舞台なので、単調にならないように、気持ちの起伏・緩急をつけていきたいものです。

そうこうしているうちに、夫が自殺をしようとしていると聞きつけた妻が、取り乱した態で再登場します。妻がやってくると知った夫は、なぜか死なないといけないと思って、鎌腹を始めます。間一髪間に合った妻は夫の腕にしがみついて、必死で止めようとします。その

妻に向かって、なぜか夫は上から目線で、

「やい女、よう聞け。己が又しても又しても身共をせびらかすによって、地下の衆や他郷の衆が皆後指を指いてお笑らやる。それじゃによって、太郎は男が立たぬによって、今此処で腹を切って腑《はらわた》を己の面に打ち付けてくりょう」

いつもお前がやかましく言うから、みんなが笑っている。だから俺は、男が立たないから、ここで死んでやる。お前はここで見物でもしておけ！　などと言って妻を叱ります。夫としては死ぬ気はなくなっているが、売り言葉に買い言葉で、後に引けなくなっていきます。また は、そんな自分の潔さに浸っているのかもしれません。しかし、あまりに頑なな夫の態度に負けた妻は諦めてしまいます。その時の夫の「えー！」「やっちゃった！」な感じが大切になります。そして妻は夫に暇を乞う。つまり離婚をしてくれと頼みます。なぜならば、夫が死ぬと言っているのに、自分一人がおめおめと生きていられない。離婚をして夫とは無関係になって、身を奇麗にしてから、自分も淵川に飛び込んで死ぬためです。妻の見事な決意に感銘を受けた夫は、ある提案を持ちかけます。

「有り様は、最前から色々の事をして死のう死のうと思えども、例の臆病が出てなかなか死なれぬところに、其方は健気にも淵川へ身を投げて死のうとおしゃる。とても死ぬる命ならば、身共の名代に、此の鎌で腹を切って死んではくれまいか」

と頼みます。これを聞いた妻は、その鎌を取り上げ、逃げる夫を追いかけて終演します。

この『鎌腹』の妻は、わわしい女の代表格のようにいわれます。それは、厳しいことを言うが、じつは夫にしっかりしてもらいたいと願う、夫を深く愛していることが分かる作品だからです。そして夫の方は、どこか童心を残していて憎めないキャラクターでもあります。だからこそ、最後はまた妻に追いかけられるのに、観客には「またいつもの夫婦喧嘩や。しゃあないな」と思え、ほのぼのとなれる作品だと思います。これが、この作品が名作といわれる所以ではないでしょうか。

この作品は千五郎家を代表する作品と言われ、父が得意としていた作品の一つでもありました。私も色々と考えて、自分なりの『鎌腹』を作っていきたいものです。

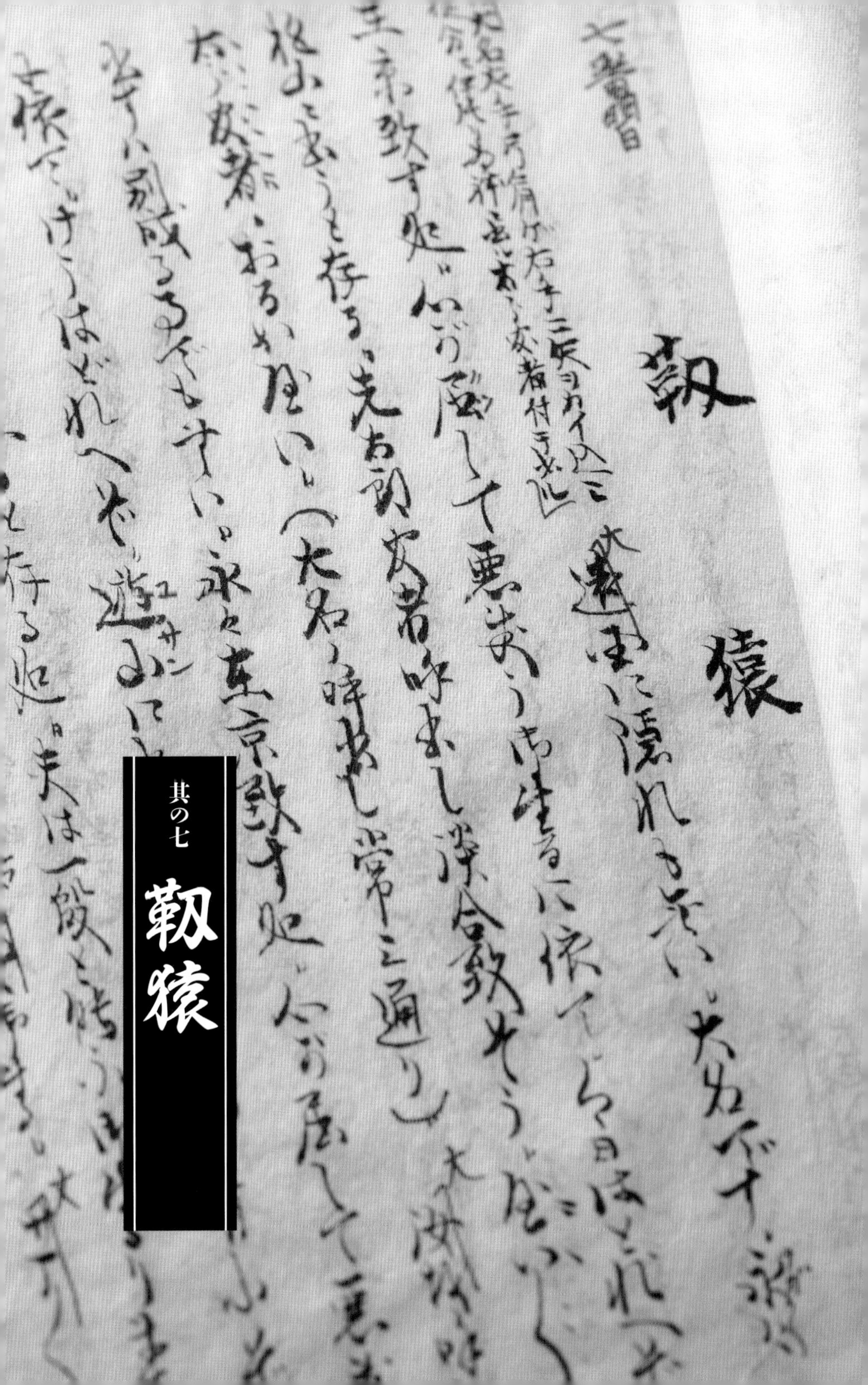


其の七

# 靭猿

今回は名曲中の名曲『靭猿《うつぼざる》』を解体していきます。

まずはあらすじから。

太郎冠者を供につれて遊山に出掛けた大名は、子猿を連れた猿曳き（猿回し）に出会います。子猿の見事な毛並みに目を付けた大名は、日頃より靭（矢を入れて背負う狩りの道具）を猿の皮で装飾したいと思っていたので、猿曳きに猿の皮を貸せと言いだします。しかし「皮を貸すには子猿を殺さないといけない。そのようなことはできない」と猿曳きは断りますが、大名は弓矢で射殺すと脅します。観念した猿曳きは、猿の皮を差し出すと答えてしまいます。いざ子猿を殺そうとする猿曳きでしたが、子猿への愛情から殺すことはできず、大声を上げて泣きだします。その哀れな様子に大名も心を動かされ、子猿の命を助けます。それを聞いて喜んだ猿曳きは、お礼として子猿に舞を舞わせるのでした。

狂言に登場する大名の中で、一番短気で横柄な大名です。前半は常の狂言ではあり得ないぐらいの緊張感。そこからガラッと変わってめでたく賑やかに終わる、狂言屈指の名曲です。

では、解体していきましょう。

大名は手に弓矢を持って登場し、大名狂言では定番の「遠国に隠れも無い大名です」と名乗ります。長い間京都にいて退屈なので、太郎冠者と遊山に出ようと言います。弓矢を持ち「何か獲物が出たら手並みの程が見せたい」と言いますので、今回の遊山の目的は狩りです。

そこへ子猿をつれた猿曳きがやってきます。子猿を見た大名は、太郎冠者を使って、

「あの猿は能猿（芸をする猿）かと言うて、問うて来い」

と、問いに行かせます。その通りだと聞いた大名は、猿に近づきます。これは自分の靭と猿の大きさを計りに行ったのです。いきなり近づいてきた大名にビックリした子猿は、大名に襲いかかります。驚いた太郎冠者は、猿曳きを散々叱りつけますが、大名は、

「その様に叱るな。苦しゅうない、許すと言え」

と、太郎冠者を制します。これは猿曳きに後でする頼みごとを叶えてもらう為に許したのです。大名は無心（＝頼み事）があるから聞いてくれるかと、猿曳きに問います。猿曳きは、何か分からないが自分に相応しい望みならば聞きましょうと、答えます。それを聞いた大名は、猿曳きにお礼を言います。猿曳きとしては、まだ内容も聞いていないからと恐縮しますが、大名は、

「キッと一礼、申しておりゃる」

と念を押します。このとき、私は最初の猿曳きに礼を言うときは、わざとらしく深々と一礼し、念押しのときは猿曳きを睨みつけます。祖父は両方とも睨みつける。父は両方ともお辞儀をする。そのお互いの演じ方を融合した形です。その大名の頼みとは、

「この掛けた靭を、内々猿皮靭にしとうは思えども、未だ似合わしい猿の皮が無さに、えぇせぬ。見ればあの猿は大きゅうもあり、事に毛並みも良いによって、皮を貸せ。靭に掛けたい」

ということでした。猿曳きも始めは冗談だと思い、本当の願いごとを教えて欲しいと言いますが、大名は猿曳きが出し惜しみしていると思い、

「一年か二年掛けたならば後は返す。まず当座貸せと言え」

と凄みます。大名は本気で言っていると知った猿曳きは、あまりの頼みごとに怒りだします。それもその筈、皮を貸すには子猿を殺さなければなりません。

「この猿は生きておりますぞ。皮を剥げば、たちどころに命が失せまする。いかにお大名じゃと言うて、そのような無体なことは言わぬものじゃと仰れ」

と、喰ってかかります。大名も、

「一旦諸侍に一礼まで言わさせ、今となって貸すまいじゃまで」

と応酬します。大名は自ら進んで一礼したのに、この台詞はおかしいのですが、いかにも大名の横暴さ・理不尽さが出ていると思います。また猿曳きは一歩も引かないどころか、

「この猿曳きは、余の猿曳きとは違い、辺りに似合いの旦那を持っておりますれば、その様に脅いたりと、怖ずる猿曳きではおりない（自分には贔屓にしてくれる人もいるから、脅したところで怖くはない）」

と言いだします。じつはこれまでの大名と猿曳きのやり取りは太郎冠者を介していました。しかしここから大名は怒りのあまり、直接猿曳きと話しだします。大名がいかにヒートアップしているか、分かりやすい演出です。一歩も引かない上に、歯向かってくる猿曳きに対して、ついに大名はキレてしまいます。そして、この場を去ろうとした猿曳きに向かって、大

名は持っている弓に矢を番《つが》えて脅します。大名の勢いに、猿曳きは遂に屈服してしまいます。ここまでの大名と猿曳きの丁々発止のやりとり。猿曳きを屈服させる、大名の力強さ。これが前半の一つの山場です。

子猿を差し出す覚悟をした猿曳きは、

「お殿様の様に大狩俣をもって射させられたならば、猿の皮に傷がついて、靭の御用には立ちまするまい。ここに猿の一打ちと申して、鞭一本で命の失するところがござる。この方で打って、差し上げげましょうか」

と提案しますが、大名の返事は「何でもよいから早く差し出せ」でした。大名の怒りを再確認した猿曳きは失意のまま、子猿を呼び寄せます。これからが「宣命《せんみょう》」と言い、子猿に因果を含めます。

「汝畜生なれど、今身共《みども》の言う事をよう聞けよ。そちは小猿の時より飼い育て、色々と芸能を教え、今では汝の陰で、妻子とも楽々と身命を育《はご》くむところに、某が運こそ尽きたれ、今日と言う今日、今と言う今。あれ。あれ。あれにござるお大名に出逢うたればな。そちが皮を貸せ。靭に掛けたいとのお事じゃ。段々とお合口をもって、お詫びを申し上げたれど、聞き入れぬにおいては、某もろとも射て取らせらりょうとのお事じゃ。恥ずかしながら、背に腹は代えられいで、今汝を打つほどにの。必ず必ず、草葉の陰から、某を恨みとばし思うてくるるな。猿《まし》よ。今が最後じゃ。今打つぞ。エィ」

と言って、鞭を打ちつけ、子猿を打ち殺そうとしますが、子猿はその鞭を奪って「船の艪を押す真似」という芸をします。その姿を見た猿曳きは大号泣をしてしまいます。大名はそのわけを太郎冠者に聞かせに行くと、

「この猿は子猿の内より飼い育て、色々と芸能を教えまする中にも、今では舟の櫓を押す真似を教えてござれば、畜生の悲しさは、今己の命の失する杖とも知らず、打つ杖をおっ取って、例の舟漕ぐ真似をせよと心得え、舟漕ぐ真似を致しまする。あの態を見ては、例え猿曳きもろとも射て取らせらりょうとあっても、猿において打つ事はならぬと仰せられい。ならぬと仰せられい」

と太郎冠者に言います。この時に大名は太郎冠者の後ろに行き、聞き耳を立てています。それまでは怒りを表すために、弓の弦も張った状態にしていますが、理由を聞いているうちに、徐々に弦の張りを緩めていきます。また顔も段々と伏せていきます。猿曳きの話を聞いて、段々と怒りが収まっていく様子を表します。そして太郎冠者が報告しようとすると「聞いた」と言って制し、大名も理由を確認するように反芻しだします。その途中から段々と涙声になって、遂に号泣してしまいます。あまりの哀れさに、遂に大名は子猿を殺すことを諦め、猿曳きに子猿を殺すなと、太郎冠者に止めに行かせます。その時大名は太郎冠者に命じた後、「良し。助けてやったぞ」みたいに、清々しく胸を張って立てと教わったのですが、すべては大名の我儘から始まったのに、ここの大名の態度だけは解せません。しかし、猿曳きの宣命

から子猿への愛情を語り、大名が改心していくところが、第二の見せ場です。

子猿の命が助かった嬉しさに、猿曳きは子猿に大名と太郎冠者にお礼を言わせ、

「かかるめでたき折からなれば、御前で猿《まし》に舞を舞わせましょうか」

と提案します。大名もゆっくり見物をしようと靭を取ります。また子猿も舞を舞うための用意をします。子猿の舞は、三部構成になっています。これが『猿唄』と呼ばれるところです。最初の謡では、子猿は何も持たずにリズムに合わせて飛びます。謡の詞章を載せておきます。

『ハァ、猿が参りて此方のご知行。まっ猿《さる》目出とう能仕る。踊るが手許立ち御厩《みまや》に。牧下ろしの春の駒が。鼻を揃えて参りたり。元より鼓は波の音。寄せ来る波を数え申せば。真如《しんにょ》の囀《さえず》り音楽の声。諸法実相と響き渡れば、地より泉が相生して。天より宝が降り下る。』

この謡の間に、大名は子猿の芸に感銘し、持っている扇子を子猿に遣ります。その扇子を使って、次の舞が始まります。

『興がり極春たり。此方のお庭を今朝こそ見たれ。黄金升にて米量る。米量る』

『明日は出《じょ》うずもの。舟が出うずもの。思た気もなく。お寝《よ》る殿御よ。お寝る殿御よ』

『舟の中には何とお寝るぞ。舟の中には何とお寝るぞ。苫を敷寝の舵枕。舵枕』

『淀の川瀬の水車。誰を待つやら。くるくると。くるくると』

『これから在所前じゃ。日が暮りょか。与十郎。片割れ月は。宵のほどよの。宵のほどよの』

『松の葉越しに月見れば。松の葉越しに月見れば。暫し曇りて又冴ゆる。又冴ゆる』

『木幡山路に行き暮れて。木幡山路に行き暮れて。月を伏見の草枕。草枕』

『愛し殿御のござるやら。犬が吠え候。四辻で。四辻で』

『飛騨の横田の若苗を。飛騨の横田の若苗を。しょんぼりしょぼりと植えたもの。今来る嫁が刈ろうずよの。腹立ちや』

『四角柱や角柱。角の無いこそ。添い良けれ。添い良けれ』

『飛騨の踊りは。これまでよ。これまでよ』

この謡の間に、大名は刀、素袍袴を猿曳きに遣ります。そして白い着物と黒い下袴姿になりますが、これは裸になったことを表します。またこの謡には現行では謡わない謡が四つあります。

『夜さが泊まりは、どこが泊まりぞ。那波か砂越か。室が泊まりよ。室が泊まりよ』

『汲んだる清水で影見れば。我が身ながらも。良い殿御。良い殿御』

『とどろとどろと鳴る神も。ここは桑原。よも落ちじ。よも落ちじ』

『東下りに殿は持たねど。嵐吹けとは。更に思わず。更に思わず』

これらを増やしたり差し替えたりしても良いようです。そして最後の舞は、御幣を持ってリズムに合わせて飛びます。

『一の幣立て。二の幣立て。三に黒駒信濃を通れ。船頭殿こそ勇健なれ。泊まり泊まりを眺めつつ。彼の又獅子と申すには。百済国にて。普賢文珠の召されたる、猿と獅子とはご使者の者。なお千秋や万歳と。俵を重ねて面々に。俵を重ねて面々に。俵を重ねて面々に。楽しゅうなるこそ。目出たけれ。』
と謡い納めて終演します。

この狂言には、『替え装束』という小書き（＝特殊演出）があります。この替え装束がつきますと、次のように変わります。

◉普段の大名の装束に靭を付けていたのが、騎射笠を着て弓籠手を付けて、狩り装束になる。

◉子猿の舞のときに、烏帽子をつけて陣羽織を着る。

◉猿唄が猿曳きの独吟ではなく、地謡が出て一緒に歌う。

「えっ！　その格好しか見た事がない！」と思われる方も多いでしょう。千五郎家では常の舞台から『替え装束』の演出で演じていたのです。なぜならば、派手だからです。でも一度ぐらいは普通の演出で……。やらないですね。これだけの大曲は派手な格好のほうが良いですものね。

大名、猿曳きが難しいのは言うに及ばず、太郎冠者もかなりの技量が必要です。スムーズに取り次ぎをしなければ、舞台がダレてしまいます。また子猿もある程度謡を覚えて、謡に合わせて動かなければなりません。よく「猿に始まり狐に終わる」と言われ、『靭猿』の子猿の役で初舞台をすると言われますが、これは和泉流の場合です。大蔵流の演出では、流石に初舞台には難しいので、『いろは』『しびり』をやった後ぐらいで演じます。

其の八

# 伯母ケ酒

今回は聟女狂言の中から『伯母ヶ酒《おばがさけ》』を解体していきます。

まずはあらすじから。

甥には、山一つ向こうの村で酒屋をしている伯母がおりました。しかし、なかなかケチな伯母で、たくさん作る酒を甥に振る舞ったことがありません。どうにかして酒を飲みたい甥は、自分の村で宣伝して酒を売るから試飲をさせて欲しいと言っても、伯母は承諾しません。ついには伯母に「最近鬼が出没するから用心をするように」と言い、鬼の面を着けて、脅して酒を飲もうとしますが……。

酒を飲んで失敗する狂言はたくさんありますが、登場人物が甥と伯母。また鬼に化けて酒を飲むという、少し異色な狂言です。

では、解体していきます。

シテ（主役）は甥です。まずは名乗りにて、

「某山一つ彼方の在所に、酒屋に伯母を一人持ってござるが、殊の外吝《しわ》いお方で、家に造る沢山の酒を、終に一つとして飲めと仰せられた事がござらぬ。今日はちと思案致いた事がござるによって、これよりあれへ参り、ねだって酒を飲もうと存ずる（酒屋の伯母はとても吝い（ケチな）人で、なかなか酒を飲ませてくれない。だからある作戦を考えたので、酒を飲んでやろう）」

と言い、伯母の家に行きます。まず名乗座にて、

「物申。案内申」

　と案内を乞うと、伯母が脇座に出てきて、

「えい甥の殿。ようおりゃった」

　と対面してから、二人合わせて舞台の真ん中に座ります。お互い挨拶を済ませた後、甥が行動を起こします。

「私の在所は薄い、広い在所でござるによって、此方の酒を披見して売って進ぜましょうか
（自分の村は広い所だから、貴女の酒を紹介して売ってあげましょう。だから試飲をさせてください）」

　と提案しますが、伯母は、

「いやいや、利くには及ばぬ。唯良い良いと言うて、売っておくりゃれ」

　と断ります。甥はめげずに、

「世上には、甘いを好いて参るお方もあれば、又辛いを好いて参るお方もござる。深こうは給べませせぬ。平に一つ振れ舞うてくだされい」

　と頑張りますが、

「その甘いを好いて参るお方へは、甘うして進じょうず。又辛いを好いて参るお方へは、辛うして進じょうず。唯良い良いと言うて、売っておくりゃれ」

　と、取りつく島が有りません。諦めた甥は一旦伯母の家を出て、今一度作戦を考えます。そしてとっておきの秘策を思いついた甥は、

「いや申し申し。伯母じゃ人御座りまするか、御座るか」

と言いながら、また舞台の真ん中に座ります。始めはしっかりと名乗座と脇座で対面してから真ん中に座る。いわゆるちゃんと玄関で対面してから座る演出ですが、今回はすぐに座ってしまいます。それだけ秘策に自信がある現れの演出です。その秘策とは、

「此の間私の在所へ、いかめの鬼が出ましての。人を取って服《ぶく》いたしまするによって、何が村の若い者が大勢枌《おうこ》をもって、追い走らかいてござれば、山一つ彼方の在所へ逃げたとやら申しまする。山一つ彼方と申せば、即ち此の在所でござる。伯母者人には七つ下がってもござらば、背戸門を差いて、ご用心をなされたが良うござりましょう（最近自分の村に恐ろしい鬼が出ました。人を捕らえては食べるので、なんとか村の若い者が大勢棒をもって追い払いましたが、どうもこの村に逃げ込んだようです。夜になったら戸締まりをしっかりして、用心をしてください）」

と言って、自分が鬼に化けて、脅して酒を飲もうということでした。すっかり騙されて怯える伯母を置いて、甥は帰ってしまいます。そして夜更けになると、鬼の面（武悪面）を着けて伯母のもとへやってきます。甥は、

「トントン。ここを開けておくりゃれ」

と戸を叩きます。伯母は、

「最早店を仕舞いましたによって、開くることはなりませぬ」

と断りますが、

「いや、近所の者じゃが、急に酒が欲しい。早うここを開けておくりゃれ」

と言われ、

「近所のお方とあらば今開けて進ぜましょう。暫くそれに待たせられい。サラサラサラサラ」と開けてしまいます。「サラサラサラサラ」とは引き戸を開ける音を表しています。蔵の戸のような重い扉になると「ガラガラガラガラ」となります。戸が開くと、甥は、

「いで食らおう」

と言って伯母を脅します。鬼の面を見た伯母は、本当の鬼だと思い込んで逃げ回り、橋掛りで平伏します。ここで狂言の中の鬼が脅す定番の台詞は、

「やい、おのれは憎い奴の。七つ下がってこの所に失するは、定めておのれが武辺《ぶへん》立てで有ろう。頭から一口に、いでくらおう。あー」

と言います。この「七つ下がり」とは、だいたい午後四時ごろを指します。または「暮れ六つぐらい」とも言われるので、日暮れ前でしょう。また「武辺立て」とは、武勇があるように振る舞うことという意味です。転じて、武力があるので何かを企てているというところから「日暮れ近くにこんなところにいるのは、何か悪いことをしようとしているだろう。そんな奴は頭から一口に食べてやろう」という意味になります。

怯えている伯母の姿を見た甥は、気を良くして、酒蔵の中に入って酒を飲みだします。一杯二杯と飲む甥は、段々と酔いだします。面を着けていることを煩わしく思い、顔の横に着けてみたり、ついには顔から取り、膝に掛けて寝転んでしまいます。気分が良くなった甥は、能『大江山』の一節を謡いだします。

「飲む酒は数そいぬ。面も色付くか。赤きは酒の咎ぞ。鬼とな思しそよ。恐れ給わで。我に馴れなれ給わば。興がる友と」

この謡の最後に、不意に起き上がり橋掛りにいる伯母を見てしまい、慌てて口を押さえます。ここの徐々に起き上がっていくのが、なかなか分かりにくい演出です。この「寝ながら謡を謡う」というのは、『寝音曲』では楽々と謡っているようにしていますが、本当はとてもしんどいものです。だから私が演じる時は、「謡っている途中でしんどくなってきて、ついつい身体を起こしてしまった」という演技をしています。

かなり気分が良くなった甥は、遂に盃を枕にして寝てしまいます。酒蔵の近くにいた伯母は、ふいに蔵の中が静かになったことを不審に思い、様子を見に行きます。鬼の膝に掛かっている武悪の面をみた伯母は、再び怯えます。しかし全く反応がないので、恐る恐る近づくと、眠っている甥を見つけます。騙されたことに怒った伯母は、面を取り上げて、甥を起こします。甥が酔ったままフラフラと逃げて行くところを、伯母は追いかけて終演します。

狂言では、女性の役の時は「美男鬘《びなんかづら》」という、長さ約5メートルの麻布を頭に巻きます。そして美男鬘を巻く女性の役は、基本的には既婚の女性の役で、未婚の女性の役には馬素《ばす》（馬の尾）で作った鬘を結うことがあります。この美男鬘は、京都の桂や大原に住む、桂女や大原女などが京の町に色々なものを売りにきた、その時に頭に巻いていたものが原型であろうと言われています。時代祭にも桂女に扮した行列が出ます。また時代劇で農作業をしている女性が巻いていたり、分かりやすいところでは、映画『もののけ姫』に登場する、たたら場で働いている女性も巻いています。昔の働く女性の象徴だったのでしょう。ただし狂言では、頭の前で結んだ後、額の左右に挟んで輪を作って、余った両端を垂らして帯に挟んでいます。布で少し顔を隠すことにより、男のゴツゴツした輪郭を隠すようになっています。そして布を垂らして、男性には無い女性の柔らかさを表現しています。

また女性の役で、面をつける役とつけない役があります。これも未婚の女性の役は面をつけ、既婚の女性の役は面をつけません。基本的に面を使用する役は、役者の素顔では表現できない役の時に使用します。例えば神様や鬼などです。だから十代の麗しい娘の役は、おっさんの顔では厳しいので乙《おと》の面（女性の面）を使います。しかし女房の役などの年嵩の女性には使いません。ある程度歳を取ると区別が付かなくなって……。これ以上は止めておきましょう。

其の九

# 仏師

出家座頭狂言の中から、人気曲『仏師《ぶっし》』を解体していこうと思います。

では、いつも通りあらすじから。

田舎に住む信仰心の深い男が、自宅に一間四面の持仏堂を作りました。しかしそこに安置する仏像が無いので、都の仏師に作ってもらおうと、遥々と都にやってきます。すると都に住むスッパ（詐欺師）が田舎者を見つけ、自分が仏師だと言って騙して、仏像を作る約束をします。しかし、スッパに仏像が作れるはずがありません。そこで仏に似た面を着けて仏像になりすまします。仏像を見た田舎者は、印相（仏像の印を結んだ格好）が気に入らず、直してもらおうとします。仏師は仕方がなく、格好を変えて仏像に化けます。しかし、田舎者は気に入らず、また変えてもらいます。そうこうしているうちに、スッパが化けていたことがバレてしまい、田舎者に追い込まれて行くのでした。

仏の印相の形は、初めの三つは決まっていますが、その後は決まっていないので、役者のアドリブ力が試される狂言です。

では、解体していきましょう。

シテ（主役）はスッパ、アド（脇役）は田舎者です。

まず田舎者が登場し、

「某志のツーッと深い者でござって、此の度一間四面の持仏堂を建立致いてはござれども、未だそれへ据えそうな、御仏がござらぬによって、これより都へ上り、仏師殿に頼うで御仏を作って貰おうと存ずる」

と名乗ります。一間とは約1・8メートル。つまり1・8メートル×1・8メートルの仏像を納めるお堂を作ったのです。そこに安置する仏像を作ってもらおうと思い、都にやって来ます。都の家並みや風景に感動していた田舎者でしたが、仏師がどの辺りに住んでいるか聞いて来なかったため、どこに行けば良いのか分かりません。しかし町の様子を見ていると、

「売り買う者も呼ばわって歩けば、物事早速調うるそうな」

と気づきます。何事も大声を出していれば、なんでも用事はできてしまう。田舎者には都の喧噪《けんそう》さが、そのように見えたのでしょう。そこで田舎者は、

「いや喃々《のうのう》、その辺りに仏師屋はござらぬか。じゃー。ここ元ではないそうな」

と、仏師を探します。驚いた時に「じゃー」という表現は、狂言の中でよく使い、『末広かり』や『鎧』などにも出てきます。この「じゃー」という感嘆詞を聞いて、何か思い出す言葉はありませんか。二〇一三年に流行語大賞をとった「じぇじぇじぇ」ですね。これは三陸地方で使われている方言とされています。また古くは「じゃ」とも言われていたそうです。室町時代でも、田舎者が驚いた時の表現として「じゃー」と言うことは、認知されていたようです。

田舎者が仏師を探している時にスッパが登場します。スッパとは、「嘘をつく、騙《だま》す、騙《かた》

り」という意味があり、狂言では詐欺師のことを言います。しかも、

**「これは都の町を走り回る、心も直に無い者でござる。」**

と名乗ります。「心も直に無い」とは「心が真っ直ぐでない私は悪い者です」と、自分の口からお客に名乗ります。なんとも不思議ですが、この辺りも狂言らしいです。そして最近は景気が悪いので、何とかして儲けたいと思っていると、田舎者を見つけます。こいつを騙してやろうと近づき、田舎者が仏師を探していると知ったスッパは、自分が仏師だと言います。しかし、その時自分は仏師だとは言わず、真仏師《まぶし》だと言います。それを聞いた田舎者はマムシだと聞き間違えて驚きます。なぜ仏師ではなく、真仏師なのだと尋ねると、

**「昔運慶、湛慶、安阿弥と言うて、仏師の流れが三流れ有った。今では運慶も絶え、また湛慶も絶え、安阿弥の流れ某唯一人じゃによって、真仏師と言うたことじゃ」**

と答えます。いかにももっともらしい説明で本当の仏師だと信じてしまった田舎者は、仏像を作ってもらうことにしました。どのような仏像が良いかと尋ねられたスッパは、仁王像や天邪鬼が良かろうなどと言って笑いを誘いますが、最終的に毘沙門天の妹の吉祥天女を作ることになります。仏像の大きさを決める時に、

**「それならば余り大きゅう作って、此の様にして（空を見上げる）拝むは、ちと腰が痛かろう。又余り小そう作って、此の様にして（座り込んで）拝むも、ちと窮屈であろう。唯朝夕ちょろちょろと行て、つい拝むよう、身共の背頃合は何とじゃ」**

と、スッパと同じ背丈を提案し、いつ頃仏像ができるかと問われれば、

「お急ぎならば明日の今時分。又お急ぎでなくば、来年の今時分にも、ちと出来かぬること
じゃ」
　あまりの時期の違いを尋ねると、
「安阿弥の流れ某唯一人じゃによって、弟子どもを数多持った。丈何尺の御仏を請け取った
事じゃに依って、汝は御手を作れ。汝は御足を作れ。御髪を作れと言えば、明日の今時分ま
でに、それぞれ拵えて持って出るを、身共がまんまと膠《にかわ》を炊き済まいて、片端よりチョイ、チ
ョイ、チョイチョイチョイと付けて廻るによって、明日の今時分。又来年の今時分と言うは、
何事も某唯一細工じゃによって、ちと出来かぬることじゃ」
　と、これももっともらしい答えをします。完全に騙された田舎者は、明日五条の因幡堂で
仏を受け取る約束をして別れます。狂言の中では、よく五条の因幡堂が出てきます。現在は
京都市下京区五条烏丸より北東にあり、正式名称は「平等寺」と言います。昔は五条通一帯
にかなり大きな敷地を持った、京都内外で知らない者はいない程の有名な寺院でした。すっ
かり田舎者を信じ込ませたスッパですが、もちろん仏像を作ることはできません。じつは風
流（祭の出し物）に使う仏像に似た面（乙の面）をつけて、仏像に化けて金銭を騙しとろうとの算
段でした。そのために、自分と同じ背丈の仏像にしたのです。個人的には、自分が仏像に化
けたら誰が代金を受け取るのかと疑問に思うのですが。
準備万端なスッパと、仏像を受け取ろうと意気揚々と来た田舎者は、因幡堂で落ち合いま

す。仏像は後ろ堂に置いて、その前に粗菰《あらこも》が掛けてあるので見に行けと、田舎者一人だけ行かします。その間にスッパは先回りをして、面をつけ印を結んで仏像に化けます。仏像を見た田舎者は、あまりのでき映えに感動し、ついつい仏像に触ってしまいます。当然そこはスッパの素肌。ビックリした田舎者は、理由を聞こうとスッパを呼ぶと、面を外したスッパは慌てて戻ってきます。素肌のようなところは、まだ膠が乾かないところだろうと取り繕います。そして田舎者は印相も気に入らないので変えて欲しいと頼むと、

「印相が気に入らずば、身共がこれにて印を結ばばそのまま直る。最早直ってあろう。ちゃっと行て、拝ましめ」

と、この場で印を結ぶとそのまま変わると言い、印を結びます。そんなことで変わってしまうのかと半信半疑な田舎者は、仕方がなく仏像を見に行きます。すると今度は両手で物乞いをするような手つきを見て、また変えてもらおうとします。スッパはまた印を結んだので、田舎者は今一度見に行くと、両手を突き出して人を突き倒すような印相でした。もう一度変えてもらったのですが、田舎者は仏師と一緒に行って直して欲しいと提案します。しかしそんなことはできるはずがないので断ります。しかし田舎者は納得しないので、スッパは、

「仏と呼ばは仏、印を結ぼう。仏師と呼ばは身共が出る」

と言ってしまいます。それまで半信半疑だった田舎者は、完全に騙されていると気付き、

「この度は仏でござるな。ちと早う廻りますぞ」

といい、スッパを追い回します。

「仏、仏、仏、仏仏仏仏仏仏仏仏」

といってスッパは舞台前に出て行きます。スッパは面をつけて印相を結ぶ格好をします。その姿を見た田舎者は、

「気に入らぬ。仏師、仏師、仏師仏師仏師仏師仏師」

といって舞台後ろに行きます。スッパは面をとり舞台後ろに行き、

「気に入らぬ、気に入らぬ」

「エイ。廻らしめ、廻らしめ」

「仏、仏、仏、仏仏仏仏仏仏仏仏」

と続いていきます。スッパはまた舞台前に行き、格好を変えますが、じつはこの後の格好は、役者自身の自由になっています。どれだけ面白く変わった格好をするかが、役者の技量に掛かっています。そして段々とテンポアップしていきます。しかし、あまり綺麗にやりすぎると、予定調和のように見えてしまいます。またズレ過ぎるとバタバタになってしまうので、その匙加減が難しいところです。最後は面を顔の側面につけたスッパと田舎者が鉢合わせになってバレてしまいます。ここで私は、始めは余裕を持ったテンポで動き、徐々に間に合わないようなタイミングにしていきます。そしてバレる寸前では、面を顔につけただけで後ろ向きに立ったり、「それはちょっと無理があるやろう」というような格好をしています。私が仏師を演じるときは、楽しみに見てください。

この狂言は出家が出て来ないのに出家座頭に分類されております。たぶんシテの装束が「小

格子の着付に褊綴《へんてつ》」という新発意《しんぼち》（出家してまもない人）と同じ出立ちで、後半に仏像に化けるからなのでしょう。なんとなく腑に落ちない分け方です。ただし、他流ではシテの名乗りが「さる寺を追い出された……」となっています。これならばスッキリしますし、田舎者を騙す時の仏師の流れや仏像について知識があることも納得できます。相変わらず大蔵流は大雑把だなと思ってしまいます。しかし、前半はしっかりと二人の掛け合いがあり、後半はドタバタ劇になる、変化にとんだ名作だと思います。

其の十

# 蟹山伏

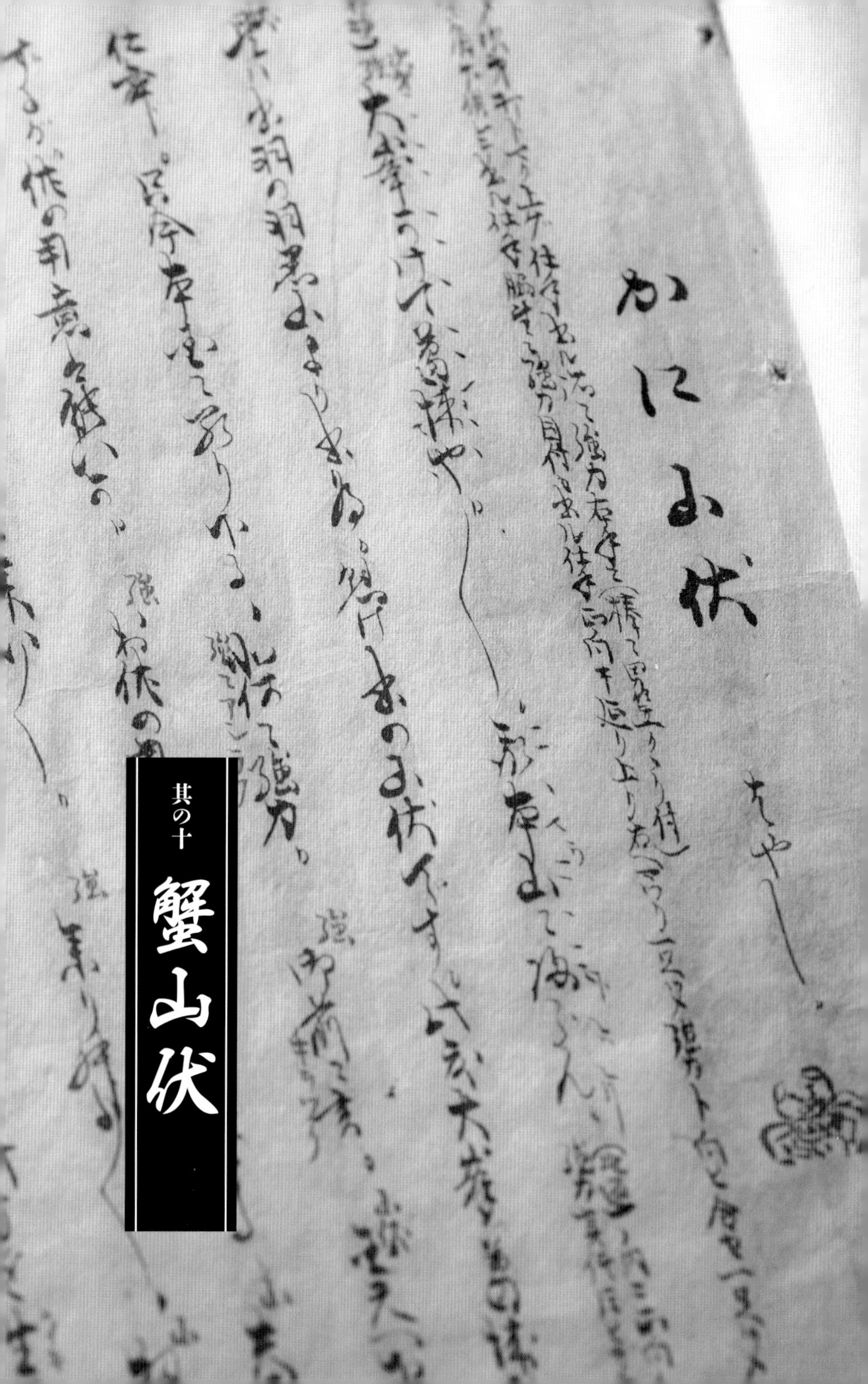

今回は鬼山伏狂言より、少しSFチックな『蟹山伏《かにやまぶし》』を解体します。

では、あらすじから。

大峰葛城山での修行が終わった山伏が、強力（供の者）を伴って故郷の出羽国羽黒山へ帰国します。その途中、江州（滋賀県）蟹ヶ沢を通りかかったとき、急に地鳴りがして異形な者が襲いかかります。山伏が尋ねると、蟹の精だと分かります。聞けば山伏の力を妨げるために出てきたため、行法（法力）をもって祈り伏せようとしますが、却って耳を挟まれてしまいます。

狂言では人間ではないものを擬人化して登場させることがあります。この狂言も蟹を擬人化することによって、会話ができるようになっています。

では、順を追って解体していきます。

まず始めに山伏が強力を従えて、舞台中央に立ち並び、《次第》を謡います。山伏の出てくる狂言はほとんど《次第》を謡います。しかし、ほとんどは一人で登場するために、舞台後方で斜め後ろを向いて謡います。しかし二人以上で登場する時は、必ず舞台中央に向かい合って立ち並びます。『蟹山伏』の他では『業平餅《なりひらもち》』『猿聟《さるむこ》』などが同様です。その《次第》では、

「大峰駆けて葛城や、大峰駆けて葛城や、我が本山に帰らん」

と謡います。大峰葛城山を駆け巡って修行が終わったので、故郷の本山に帰ろうという意味で、その時の心情や、これから起こることを謡います。そして、山伏の何時もの名乗りで、

**「是は出羽の国羽黒山より出たる駆け出の山伏です。この度大峰葛城を仕舞い、只今本国へまかり帰る」**

と、名乗ります。山伏や大名は必ず「〜です」と言う名乗りをします。これを聞かれた人から「狂言でも現代語を使うのですね」と言われますが、これは現代語ではなく、ちゃんと台本に書いてあるのです。この語源は諸説有りますが、「〜で候」や「〜でございます」より転じて少し卑俗を含んだ「〜でげす」が短くなって「〜です」に変化したと言われています。ということは、現在では丁寧語ですが、昔は乱暴な言葉遣いだったようです。それを山伏や大名が使うことによって横柄さを表現しようとしたのでしょう。だから昔は「〜ござる」が丁寧語で「〜です」が俗な言葉だったのが、現在では「〜です」が丁寧語で「〜や」や「〜わ」が俗な言葉に変わったように、将来は「〜や」が丁寧語で新しい言葉が俗な言葉に変化しているかもしれません。言葉とはなかなか面白いものですね。

続いて強力に向かって、帰り支度はしっかりできているかと問いますが、ここで少し疑問が有ります。この山伏は《駆け出の山伏》いわゆる修行が終わったばかりの新人の山伏です。それなのに荷物持ちの強力を供に連れているのは、少し似合いません。しかも衣装が、普段の山伏ならば括り袴に厚板着付、水衣に兜巾ですが、袴は大口を履き、兜巾の代わりに角帽

子という、新人にはあり得ない姿をしています。たぶん進行上どうしても必要な強力（括り袴に着付裳着胴）の姿に似るから変化をつけたのでしょう。そこまでするならば、名乗りの台詞も一辺倒の駆け出の山伏にせず、どこか旅をしている途中の設定にすれば良かったのにと思ってしまいます。そして強力を連れた道行きになりますが、ここも山伏の道行きの常套句ではなく、

山伏「世上では某の事を、何と取り沙汰するぞ」
強力「世上では此方の事を、生き不動じゃと申しまする」

と、いかにも自分は不動尊の化身だなどと、力を誇示した台詞になっています。新人の山伏にそんな噂が立つでしょうか。いくら強力のおべんちゃらとしても、このあたりも少し整合性を欠くように思います。

そうこうしているうちに、一行は江州蟹ヶ沢にやってきました。すると突然地鳴りが起こります。ただならぬ雰囲気を感じた山伏は里へ向けて急ぎますと、突然異形な姿をした者が追いかけてきます。あまりに突然のことだったので、始めは慌てた山伏でしたが、
「某程の法印が、蟹ヶ沢で異形な者に出会い、言葉を掛けなんだとあっては後難も口惜しい。先を取って言葉を掛きょう」

自分のような力を持ったものが怯えては恥ずかしいと思い、何者だと問いかけようとします。強力は恐ろしさのあまり止めるように言いますが、山伏は恐る恐る尋ねます。すると異形な者は、

「二眼天にあり、一甲地に着かず、大足二足小足八足、右行左行して遊ぶものの精にて有るぞとよ」

と言います。これを聞いた山伏は「二つの目は天を向き、甲羅は地面に付かず、大きい足二つ、小さい足八つ、右左と動く……。こいつは蟹の精だ！」と気付きます。

「その蟹がこれへは何しに出た」

と尋ねると、

「お僧の行法を慢ずる間、妨げむがため、これまで現れ出てあるぞとよ」

お前は力のあることを自慢するから、懲らしめるためにやってきたのだと答えました。それをそばで聞いていた強力は蟹の精だと分かると、途端に態度を変えて、

「やい。己蟹の分として、ようもようも某の頼うだお方の行法を妨げよったな。己それが良いか、これが良いか。此の金剛杖で己の甲を打ち砕いて、晩のお泊りのお肴にしてくりょう」

と、襲いかかります。素早く逃げ回る蟹を追いかけていましたが、一瞬の隙をつかれ、強力は蟹に耳を挟まれてしまいました。痛がる強力を見た山伏は、自分の行力で祈り放してやろうと言い、

「それ山伏と言うは、山に起き伏すによっての山伏なり」

と定番の呪文を唱えます。さて、この後は台本どおりならば、

「兜巾と言うは、一尺ばかりの布切れを真っ黒に染め、むさとヒダを取って頂くによっての、兜巾なり」

となるのです。しかし始めにも書きましたが、この山伏は兜巾ではなく角帽子を被っています。ここでも矛盾が発生します。そのため最近ではもう一つの呪文、

「金胎両部《こんたいりょうぶ》の峰を分け、七宝の露を払いし鈴懸《すずかけ》に、不浄を隔つる忍辱の袈裟、赤木の数珠」

に変えることがあります。前記の呪文よりは大層ですから、こちらの方が似合うような気がします。（現に後記の方は能の山伏の呪文から引用されているのです）その後、

「橋の下の菖蒲は、誰が植えし菖蒲ぞ。折れども折られず、刈れども刈られず」

という呪文を唱えます。これも狂言ではよく使われますが、イマイチ意味がわかりません。能の方にも出てきませんし、どのような意味があるのか調べてみました。するとこの文句は、昔の子ども達の遊び歌『草履隠し』の言葉でした。『嬉遊笑覧』に、

「今童のいふハ、ざうりけんじょざうりけんじょおてんまてんま橋の下の菖蒲はさいたかさかぬかまださきそろハぬ、めうめうぐるまを手にとてみたればしどろくまどろくじうさぶろくよ、といへり、」

とあります。昔の人は誰もが知っている童謡を、山伏が仰々しくもっともぶって唱え出すことに、面白さを得ていたものでしょう。

山伏が頑張って祈れば祈るほど、蟹はいよいよ強く強力の耳を挟み、空いている鋏で山伏に襲いかかります。仕方がないので山伏は、蟹が嫌がる「烏の印」という呪文を唱えようとします。狂言の山伏は数多くのものを祈ります。菌の精・大黒・梟等々。そのすべてが嫌がる呪文が「烏の印」なのです。いくらなんでも安易というか、適当すぎるなと思っていたので、今回なぜ烏なのかを調べてみました。するとこの烏の印とは「熊野牛王宝印《くまのごおうほういん》」のことなのです。これは熊野本宮大社から出す牛王宝印で、昔は起請文の大半はこれを料紙として、戦国時代になると烏点宝珠《うてんほうじゅ》という烏を図案化したものが使われていたそうです。少し使い方が違う気もしますが、修験道の本山熊野本宮大社から出す宝印、八咫烏《やたがらす》という説もありました。やはり山伏と烏は深い縁があるようです。

こんなに素晴らしい呪文を唱えても、山伏はあっさりと蟹の精に耳を挟まれてしまい、強力もろとも投げ飛ばされてしまいます。思わず蟹と間違え山伏を棒で打とうとした強力を山伏は制して、逃げて行く蟹の精を二人は追いかけていくのでした。

今回『蟹山伏』を解体するにあたり、『狂言不審紙』を見てみると、「江州に蟹澤と言う所しらず」とありました。全国には蟹ヶ沢という所は多数ありますが、滋賀県にはありません。では全くのデタラメかと言うとそうではなく、その後に、

「伊勢国鈴鹿山下に蟹坂と言う有り。土俗言う、昔此坂嶮岨を頼て山賊でて、旅人に暴虐せしより此の名を呼び、姦賊の横行より蟹坂と呼ぶと言う。この伝に曰く、昔此の谷に大成る

蟹有り、妖をなして人を損する。旅僧これに会って仏経を説く、やがて打ち殺し其の塚を築くと言う」

　とあります。伊勢の国鈴鹿山は滋賀県ではありませんが、ほぼ隣の位置になります。昔からの危険地域、また本当に蟹の妖怪が出現した説話から引用されていたのです。しかし時代がたつごとに「蟹ヶ坂」が「蟹ヶ沢」に訛って変化したのか。また蟹だから沢辺の方が合うので「蟹ヶ沢」に変わってしまったのでしょう。本来狂言というものは口伝で伝わってきていますので、結構言い間違え、勘違いで伝わっていることは多々あります。『狂言不審紙』は江戸時代中期に書かれているので、そのころは、既に「不審」に思われていたのでしょう。

# 次代の狂言師

## 息子たちの肖像

# 次代の狂言師

昔から、お稽古ごとは6歳6月6日から始めると良いと言います。これは世阿弥の書いた『風姿花伝』のなかの「一、この芸において、おおかた七歳（数え歳）をもってはじめとする」に由来するとされています。しかし千五郎家では6歳まで待てず、3歳ごろより稽古を始め、4歳前後で初舞台をします。私も子どもたちも4歳で初舞台をしました。千五郎家では、「祖父が孫を教える」ことがここ何代か続いています。幼少の時に親が子を教えると、どうしてもキツくなってしまいますが、祖父が孫を教える方が優しくなります。まさに「飴と鞭」です。

二十歳前後、いわゆる『釣狐』を披《ひら》くまでは基本の稽古になります。演じる方も先生に教えられた通り、杓子定規に演じなければなりません。笑いを取りにいくなどは、もってのほかです。そして『釣狐』を披いた後は、自分なりの創意工夫を入れて演じなければなりません。そうしないと「いつまで面白くない舞台をしているんだ！」と怒られます。しかし、やり過ぎると「そんなジャラジャラした舞台をするな！」と怒られます。どうしたら良いんだ？と悩んでしまいますが、これが狂言を演じていく上での永遠のテーマだと思います。

古典芸能とは、昔の人が考えた演技、演出を守りながら演じる芸能です。そこから逸脱したことはしてはいけません。が、お客さんや役者は現代に生きている人です。狂言は芝居ですので、全く意味がわからない、伝わらないことをしても意味がありません。しかし、分かりやすく変え過ぎると、狂言である必要もなくなってしまいます。「守ること」も「変化すること」もどちらも大事ですし、またどちらかに偏ってもダメなのです。その時々の会の趣旨やお客さんによって、「古典寄りに演じるか」「分かりやすく演じるか」その振り幅を考えて演じなければなりません。そこの匙加減とでも言いましょうか。ＴＰＯに合わせた狂言を演じる必要があると思います。

子ども達は、まだまだ杓子定規な狂言を演じなければなりません。今は基礎をしっかりと固める期間なのです。ちょっとでも間違えようものならば、罵声も手も足も、時には扇子も飛んできます。それに耐えて、まずはしっかりとした骨組みを作って欲しいのです。それができてから、各々の考える肉付けをして欲しいのです。そのためには、狂言だけをしていてはいけません。もっと外へ出て、たくさんの人と出会って、いろんな経験をしてください。いろんな舞台演劇を観てください。多くの経験が自分の血となり肉となり、しっかりとした狂言師の体を形成していくのです。父や私たちの時代以上に、子どもたちの時代は多様な時代になるでしょう。娯楽も多くなり、なかなか狂言に目を向けてもらいにくい時代になるかも知れません。常にアンテナを張って、多くの人に狂言を観てもらう機会を増やし、いろんな人に楽しんでもらえる狂言を作っていって欲しいものです。三人の子ども以外にも従兄弟の慶和や蓮がいます。私世代と同じく、次世代には五人の狂言師がいます。私たち以上に可能性が広がった狂言を演じてくれることと信じています。

masa Tatsumasa

Takamasa Tora

# 竜正

**茂山竜正**（しげやま　たつまさ）

２００４年生まれ。四歳の時に『業平餅』の稚児役にて初舞台。双子の長男として、弟・虎真と切磋琢磨しながら稽古に励む。争い事を好まない優しい性格。

# 虎真

**茂山虎真**（しげやま　とらまさ）

２００４年生まれ。四歳の時に『業平餅』の稚児役にて初舞台。双子の兄・竜正と切磋琢磨しながら稽古に励む。明るく活発で、誰とでも分け隔てなく接する。

# 鳳仁

**茂山鳳仁**（しげやま　たかまさ）

2008年生まれ。四歳の時に『以呂波』のシテにて初舞台。双子の兄たちに追い付け、追い越せと稽古に励む頑張り屋。少し頑固者だが、負けず嫌いの泣き虫。

其の十一

# 佐渡狐

今回は脇狂言物より『佐渡狐《さどぎつね》』を解体していきます。

では、まずあらすじから。

越後の国の百姓が、都に年貢を納めに行く道中、佐渡の国の百姓と道連れになります。隣国同士と知った二人は話をしながら都を目指しますが、ふとしたことから佐渡に狐がいる、いないで口論になります。そして互いの刀を賭けて、都のお奏者に判断を仰ぎます。佐渡に狐がいないと知っていながら「いる」と言ってしまった佐渡の国の百姓は、賄賂をお奏者に渡して、「佐渡に狐はいる」と言わせます。不審に思った越後の国の百姓は、狐の姿形などを佐渡の国の百姓に尋ねますが、これもお奏者に助けてもらってこと無きを得ます。それでも納得をしない越後の国の百姓は、帰り道に狐の鳴き声を尋ねます。答えられなかった佐渡の国の百姓は、刀を取られてしまい、逃げる越後の国の百姓を追いかけるのでした。

狐の姿形を教えてもらったのに忘れてしまい、佐渡の国の百姓はお奏者にヒントを教えてもらう。それを阻止しようとする越後の国の百姓。三人の攻防が見どころの狂言です。

では、順を追って解体していきましょう。

まず越後の国の百姓が登場し、都の上頭へ御年貢を納めに行くと名乗ります。そして道行きとなり、

「毎年足手息災で持って上るというは、近頃有難い事でござる」

と言い、上下の街道で連れを待ちがてら休んでいます。続いて佐渡の国の百姓が登場し、ほぼ同じセリフを名乗り、道行をして越後の国の百姓と出会います。ここまでの台詞のなかで「足手息災」とは健康であること、また無事に年貢を納められるということは、その年が豊作であったことを指しており、平和な世の中であることを示唆しています。なぜ百姓が出てくる『佐渡狐』が祝言物の脇狂言に属しているのか、これらの台詞でわかります。

さて二人の百姓は隣国同士と知り、意気投合をして都を目指します。そしてその時の道行きの台詞は、

「さてふと言葉を掛け、斯様に同道致すも、定めて他生の縁でかなござりましょう」

「仰せらるる通り、袖の振り合わせも他生の縁とやら申しまするが、定めて深い縁でかなござりましょう」

「さて世には似合うた連もあり、又似合わぬ連もあるものじゃが、其方も百姓、身共も百姓。この様な合うたり叶うたりの連はおりゃるまい」

「おしゃる通り牛は牛連れ、馬は馬連れとやら申すが、其方も百姓、身共も百姓。この様な合うたり叶うたりの連はおりゃるまい」

と言う、定型パターンが続きます。仕方がないのですが、こういうところが狂言のもどかしいところです。そして越後の国の百姓より、

「さて佐渡はツーッと離れ島じゃによって、何かにつけて不自由であろう」

と、言いだします。自分の国を下に見られた佐渡の国の百姓は、

「いやここな者が。佐渡はツーッと大国じゃによって、何一品不自由な物とてはおりない」

と反論します。続いて越後の国の百姓に、

「佐渡に狐はおるまいがの」

と言われると、佐渡の国の百姓は、

「狐は……、おる」

と答えてしまいます。ここの台詞の間が大切で、この間の取り方で「佐渡の国の百姓も狐がいないことを知っている。しかし見栄を張って言っちゃった」感を出さないといけません。そしてお互いが意地になり、自分の差している刀を賭けます。そして都の上頭のお奏者に判断をして貰うことにします。この上頭というのは、その土地には住まないで都にいる荘園領主のことを言います。これに対して狂言のなかに地頭という人が出てきます。これはその土地の権力者のことであり、上頭は都にて地方と中央を結ぶパイプ役だったのでしょう。そしてその役人をお奏者と言います。だから年貢も直接お上に納めるのではなく、上頭から取り次いでもらいます。特に『昆布柿《こぶがき》』などでは、そういうシーンがあります。


さて上頭にたどり着くと、佐渡の国の百姓は先に年貢を納めようと言います。これはお奏者に先に会って、自分の味方に付いてもらう算段があるため、越後の国の百姓に有無を言わせないようにもっていきたいところです。まんまと先にお奏者と対面した佐渡の国の百姓は、賭けの判断を頼む話を持ちかけますが、お奏者はこんな場所でする話ではないと怒ります。そ

こで佐渡の国の百姓はこっそりと賄賂を出して、お奏者の前に差し出します。それを見たお奏者はご法度だと言って、烈火のごとく怒ります。しかし佐渡の国の百姓はめげずに賄賂を差し出すと、お奏者は次第に手を出して賄賂を受け取ってしまいます。ここの二人のやりとりが難しいのです。お奏者は周りを気にしながら、まさに袖の下から手探りで賄賂を取りますが、佐渡の国の百姓はそれを背にして、周りを見張るようにします。お互い見えていない状態で、台詞の強弱だけで相手に知らせながら演技をしなければなりません。賄賂を受け取った奏者は、佐渡に狐がいるのかどうかを確認すると、佐渡の国の百姓は〝本当はいない〟と答えます。お奏者は、もしかすると後で越後の国の百姓が尋ねるかもしれないから、狐の成り格好を佐渡の国の百姓に教えます。

「まず狐というものは、犬よりは少し小さいものじゃ」

「目は縦にキッと切れてあり、口は耳せせまでカーッと裂けてある」

「尾はフッサリと太う長いもので、色は狐色と言うて、ひーわりと薄紅いものじゃ。」

「また折々は白いもある」

これらを覚えた佐渡の国の百姓は、越後の国の百姓を呼びに行きます。あまりに時間が掛かっていたので不審に思った越後の国の百姓でしたが、佐渡の国の百姓の「お奏者は思っていた以上に奥の座敷にいて手間取った」という言い訳を真に受けて、勢いよく入っていきます。元から手前にいたお奏者に向かって「お前は誰じゃ」と言ってしまい、お奏者に咎められます。無事に年貢を納めた越後の国の百姓は、賭けの判断の話を持ちかけます。佐渡の国の百姓と話がついており、しかも賄賂までもらっているお奏者は、賭けの判断をすることをあっさりと引き受けます。

いよいよ二人の百姓を呼び出して、判断をする場面となります。お互いの賭け物の刀を舞台の前に置き、お奏者は仰々しく、

「佐渡に狐はおるいやい」

と言います。これを聞いて即座に越後の国の百姓は、

「何、佐渡に狐はおりまするか」

と、反応しなければなりません。しっかりとお奏者の言い方、間合いを聞いていないといけません。そして佐渡の国の百姓は、二人のやりとりをしめしめと思いながら、越後の国の百姓に向かって、さも嫌みたらしく、

「それそれ。それおみやれ」

と言います。そして刀を持って帰ろうとする佐渡の国の百姓を越後の国の百姓は制しながら、

「それならば、ちと尋ねることがある。狐の成り格好を知っておいやるか」

と言いだします。しかし、すでにお奏者から聞いている佐渡の国の百姓は、

「それを知らぬと思いよって」

と自信満々に答えますが、いざ答えようとすると忘れてしまっているので、

「成り格好は……。成り格好は……」

と考え込んでしまいます。ここの気持ちの落差を、しっかりと表現したいものです。越後の国の百姓は「早く答えろ」と攻め立てますが、佐渡の国の百姓は思い出せません。そこでお奏者は助け舟を出します。しかし口に出して言うことはできないので、「犬よりは少し小さい」というフレーズの「犬」を四つん這いになってジャスチャーで表現します。ところが佐渡の国の百姓は、そのまま四つん這いの格好を真似ます。それでは埒があかないので、最後にお奏者が「いぬ。いぬ」と言い、佐渡の国の百姓が

「おーそれそれ、犬よりは少し小さいものじゃ」

と、思い出します。それより目、口、尾、色と続いていきますが、同じような展開で進んでいきます。途中で不思議に思った越後の国の百姓はお奏者の方を振り向きます。そこで二人は目が合ってしまうので、お奏者は何事もなかったように、正面を向きます。ここの三人三様の動きが、バラバラのようでバラバラではない。あるきっかけの動きだけで自然な演技をしなければなりません。狂言師のアドリブ力の試されるところです。

全てお奏者に助けてもらいながら、佐渡の国の百姓はなんとか全ての問いに答えていきます。越後の国の百姓は、怪しい怪しいとは思いながらも全て答えられてしまったので、しぶしぶ引き下がらなければなりません。二人はお奏者に挨拶をして帰路につきますが、納得のいかない越後の国の百姓は、佐渡の国の百姓を呼び止めます。そして、

「狐の鳴き声を聞かなんだ。鳴き声は何とじゃ。早う言え、早う言え」

と、迫ります。鳴き声を聞いたことのない佐渡の国の百姓は、答えることができません。ついに苦し紛れに、

「トッテンコーと鳴く」

と答えてしまいます。この「トッテンコー」とは鶏の鳴き声のことです。漢字で書くと「東天紅」と当てます。日の出とともに一番鶏が鳴くので「東の天が赤くなる」と書くそうです。また二番鶏は「国家紅《コッカコー》」と、国々が赤くなると鳴くそうです。昔の人の当て字のセンスは優れたものです。狐の鳴き声を答えられなかった佐渡の国の百姓は、持っていた刀を越後の国の百姓に取られてしまいます。そして佐渡の国の百姓は、逃げる越後の国の百姓を追いかけるのでした。

この狂言の背景になっているのは「佐渡には狐がいない」ことです。先日新潟に行った時、地元の人に「佐渡島には狐はいないんですか？」と聞いたところ、「いやー、いるでしょう」と答えられました。なぜ昔は狐がいないと言う噂があったのかというと、ある説話が関係しているようです。昔の佐渡島には「団三郎狸」という、佐渡の狸の総大将がいました。淡路島の芝右衛門狸、香川県の屋島太三郎狸と並び、日本三名狸に数えられ、ジブリ映画の『平成狸合戦ぽんぽこ』にも出てくるほど有名な狸です。その団三郎狸が佐渡から狐を追い払ったという説話が二つあります。最後にその説話を紹介しておきます。

団三郎狸はとある狐に出会い「佐渡へ連れて行ってください」と頼まれます。団三郎狸は「連れて行ってやるが、その姿ではまずい。私の草履に化けなさい」と言います。狐は言われた通り草履に化け、僧の姿に化けた団三郎狸がそれを履いて船に乗ります。そして団三郎狸は海の真ん中で、草履を脱いで海に放り込んだのでした。

またある時、旅の途中の団三郎狸は一匹の狐に出会います。自分の術を自慢する狐に対し、団三郎狸は「自分は大名行列に化けるのが得意なので、お前を脅かしてやる」と言って姿を消します。間もなく大名行列がやって来ましたが、狐は行列の中の殿様の籠のもとに躍り出て「うまく化けやがったな」などと揶揄います。しかしこれは本当の大名行列でした。たちまち狐は捕えられ、お手打ちにあってしまいます。団三郎狸はあらかじめ行列がここを通ることを知っていたのでした。それ以来、狐は「こんな恐ろしい狸のいる島には渡りたくない」と思ったそうです。

# 能舞台解体新書

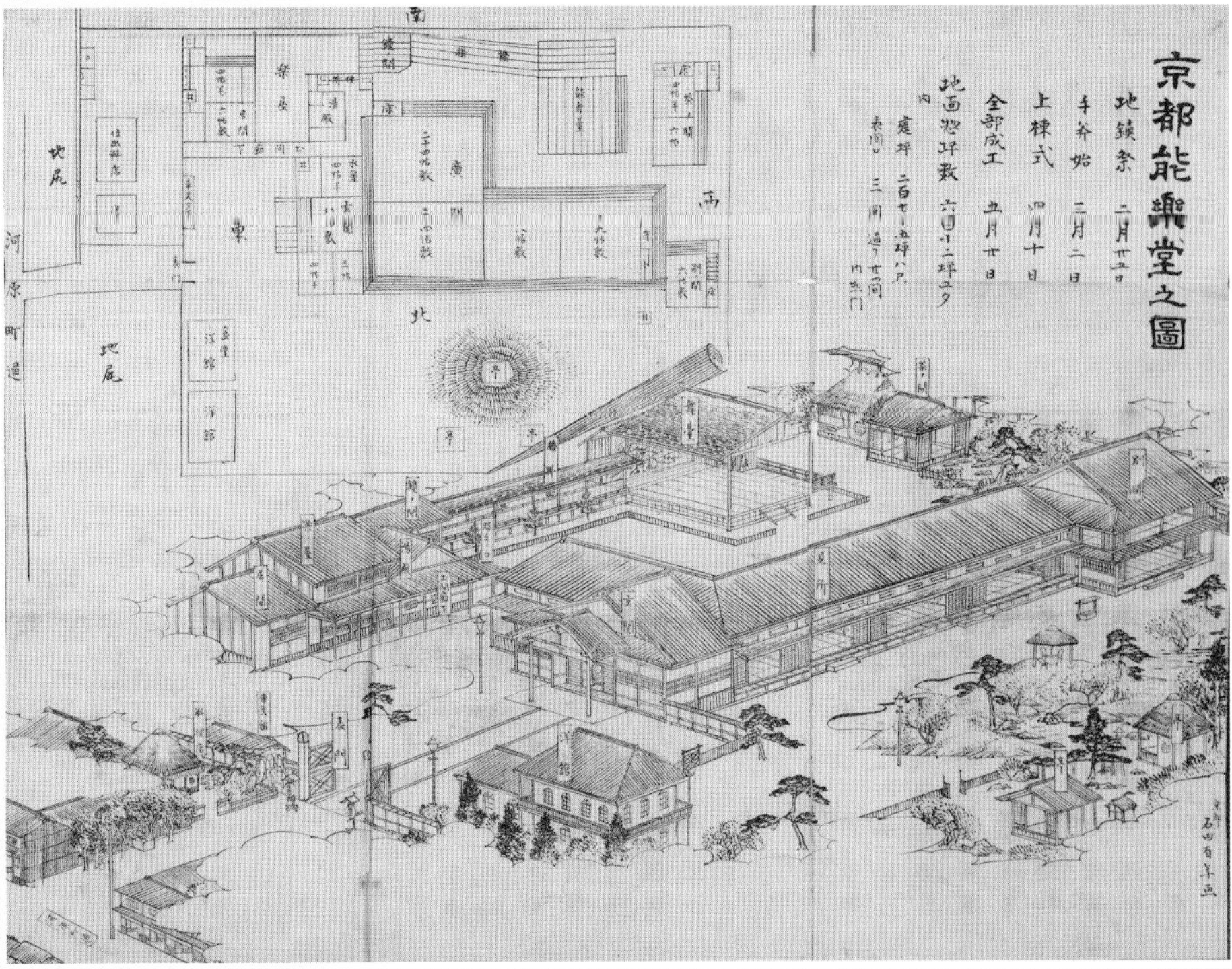

能舞台全図

揚幕

鏡板、影向の松

橋掛り

切戸口

鏡の間

目付柱

階《きざはし》

色々な狂言を解体してきましたが、今回は「能舞台」を解体していきます。

能舞台というのは、能狂言を専用に演じる舞台のことを指します。四本の柱で囲まれた三間四方（約五・四メートル×約五・四メートル）の「本舞台」と、向かって左に伸びている「橋掛り」で構成されています。そして見所《けんしょ》（客席）と舞台の間には緞帳も幕もありません。現在の劇場の舞台に比べるとかなり特殊ですが、大道具は使わないので、かなり簡略化された舞台になります。

向かって左奥にある五色の幕「揚幕《あげまく》（または切幕とも）」の奥には、「鏡の間」があります。名前の通りとても大きな鏡があり、装束を整えたり、シテが面を掛けて精神統一をする場所です。また囃子方が演能の直前に「お調べ」をする場所でも

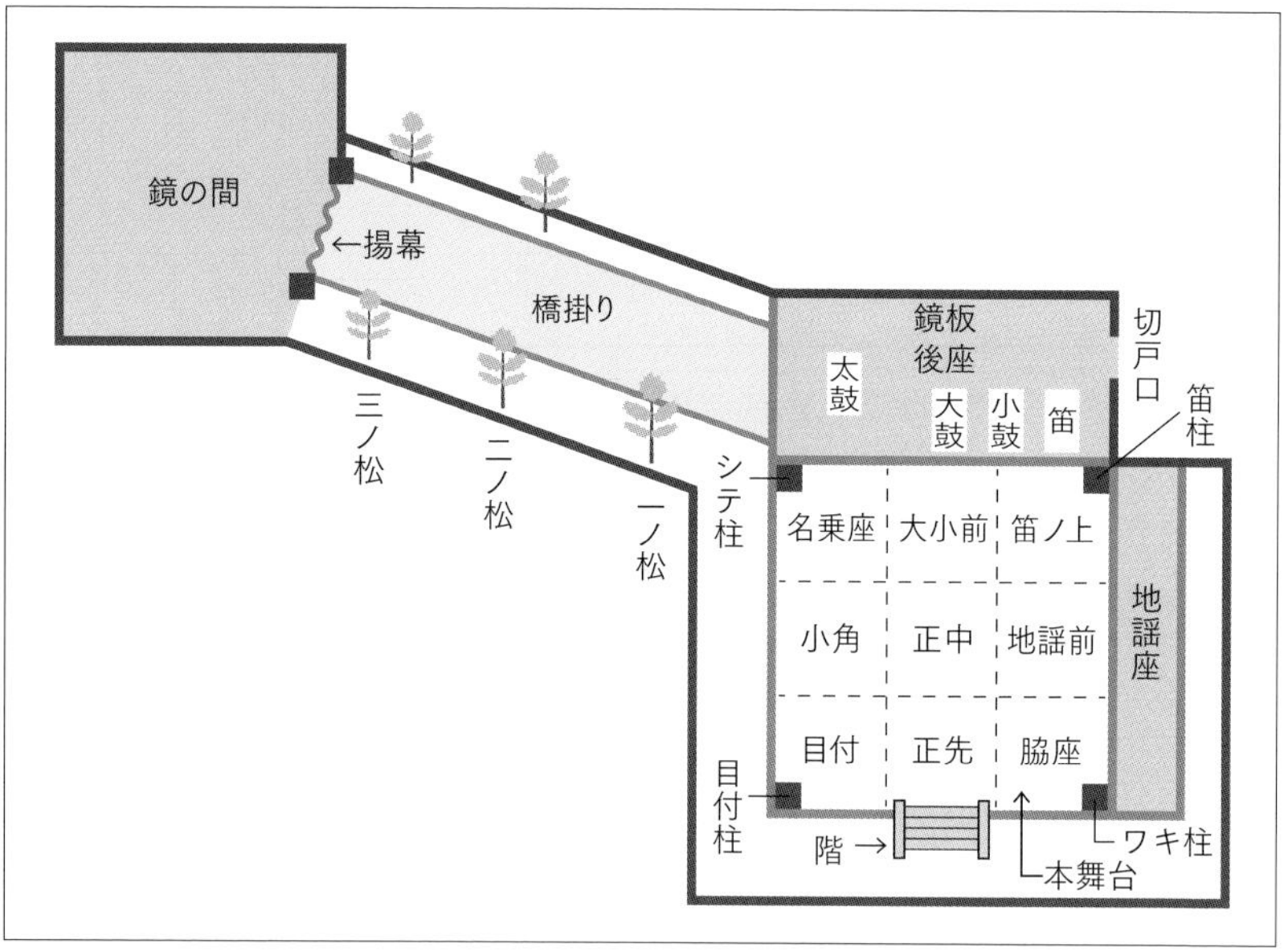

あります。私たちも鏡の間で直前の準備をして「お幕」と声をかけると幕が開きます。
この「揚幕」は、基本的に五色の幕です。これは中国の五行の思想を取り入れております。古代中国の考えに、自然界は木《もく》、火《か》、土《ど》、金《ごん》、水《すい》の5つの要素で成り立っているという思想があります。この5つが循環して自然界が構成されていると考えられています。そして「木＝緑（青）」「火＝赤」「土＝黄」「金＝白」「水＝紫（黒）」の色に表しています。場所によっては6色であったり、配列が違ったりする幕もあります。

幕が上がると、目の前に「橋掛り」があります。両端に欄干があり、橋が掛かっているようなので「橋掛り」と呼びます。この橋掛りは舞台に進むにしたがって少し登りになってます。またその客席側に松が三本植えられています。この松にはそれぞれ名前が付いており、向かって右側から「一ノ松」「二ノ松」「三ノ松」と呼びます。この松も少しづつ長さが違い、「一ノ松」が一番長く、「三ノ松」が一番短くなっています。これは橋掛りが単に登場人物の入退場の通路としてだけではなく、しっかりとした場面設定の効果を表しています。「本舞台」を現世とし「鏡の間」を異空間として、能楽『猩々《しょうじょう》』では妖精猩々が渡ってくる海を表現し、能楽『羽衣《はごろも》』では天女が天界に帰っていく大空の霞を表し、能楽『井筒《いづつ》』などの複式夢幻能では冥界から井筒姫の幽霊がやってくる道を表します。そして松の高さを徐々に低くしたり、「橋掛り」に傾斜をつけたりと遠近法を用いることによって、実際の長さよりも長く見せる、より奥行きをつけるように工夫がしてあります。「橋掛り」の裏側にも松が二本ありますが、こちらは名前は付いていません。

さて「橋掛り」を通り過ぎると、いよいよ「本舞台」です。皆さんが能舞台を見たときに一番目を引かれるのは、屋根ではないでしょうか。これは、もともと能舞台が野外にあった名残なのです。能楽に限らず、日本の芸能のほとんどは芝生の上や野外の仮設舞台、神社の拝殿などで演じられてきました。現在のような能舞台は室町時代末期からだと言われてます。西本願寺や厳島神社、八坂神社や伏見稲荷大社にある能舞台からもわかるように、正式な舞台は野外に設置されていたことがわかります。しかし近代になって建築技術が発達し、能舞台をすっぽりと納めた劇場《能楽堂》ができました。しかし皆様のなかには「室内に入ったから屋根を取れば良いじゃないか」「屋根があるから柱もあって、とても邪魔だ」と思われる方は、たくさんおられるんじゃないでしょうか。現在、室内に屋根があるものは、能舞台と相撲の土俵ぐらいでしょう。相撲も昔は神事の一つであり、野外でやっていた名残で屋根があります。もっとも土俵は柱が無くなり、吊り天井になって柱の代わりに「房」が吊ってあります。この房も「東＝青房・青龍」「南＝赤房・朱雀」「西＝白房・白虎」「北＝黒房・玄武」を表し、四神信仰に由来するそうです。では能舞台の柱も同じように房にすれば良いじゃないかと思われるでしょう。しかし、私たちにはこの柱がとても重要なのです。私たちは舞台上で面《おもて》をつけて演技をします。狂言では約二割ぐらいですが、能では八割ぐらいは面をつけています。そして視野はとても狭いのです。皆さんも子どもの時に手で丸を作って、双眼鏡と言って覗き込んだことがあるかと思います。視野はそれぐらいしかなく、足元は全く見えません。そのような状態で舞台上を動き回りながら演技をしますので、柱や松などを目印として、自分の位置を把握しています。特に前方の、お客様から一番邪魔になる柱を「目付柱」と言って、一番重要な柱なのです。この柱を取ってしまうと、役者が舞台から落ちてしまうのです。昨今では、この「目付柱」が取れる舞台もあります。普段の狂言ならば大丈夫ですが『首引《くびひき》』や『三番三《さんばそう》』などを演じる時は本当に怖いですし、私は過去に二度ほど舞台から落ちたことがあります。なるべくお客様には「目付柱」を我慢していただきたいなぁと思います。その他、囃子方や後見のいるスペースを「後座」、地謡のいるスペースを「地謡座」と呼んでおります。このように、能舞台には全ての個所に名前がついていますし、本舞台も九分割にして「名乗座」「脇座」「大小前」などと呼びます。そして演技にも細かく名前が付いています。だから演技はすべて文字として書き記すことができます。極端なことを言うと、私たちは演技を習わなくても、台本を見ただけで狂言ができるのです。例えば「シテ名乗座に出て名乗る。道行をして正中に止まる」とあれば、どの流儀のどの家の狂言師もほぼ同じ動きをします。これも古典芸能の強みです。また舞台の下には、大きな甕《かめ》がたくさん入っていたり、または周りを漆喰で固めたりして、囃子や足拍子の音響効果を高める工夫がしてあります。余談ですが、京都観世会館の舞台には甕も入っていますが、足拍子の音をより良くするために、ギリギリまで板を薄くしてあるそうなので、とても良い音がします。それにくらべ国立能楽堂の舞台には甕はなく、板も分厚いものが使われています。

さて、もう一つ目を引くものといえば、大きな松の絵ではないでしょうか。これは「鏡板」といいます。歌舞伎の世界などでは「松羽目」と呼ばれます。この松は奈良県春日大社にある「影向《ようごう》の松」がモデルになっていると言われております。この松は、芸能の神でもある春日大明神が翁の姿で降臨されて、万歳楽を舞った場所とされています。特に松は芸能の神が宿るものとされ、どこの能舞台にも描かれています。そして毎年十二月十七日の春日大社若宮おん祭（九百年近く続くお祭り）では、影向の松の前で《松の下式》があり、《弓矢立合》《三笠風流》を上演しています。日本の芸能は、神社仏閣のお祭りなどで神様に奉納するところから始まったのです。この松を後ろに描くことにより、お客様に楽しんでもらうのは当たり前なのですが、私たちは常に神様のために演じ、神様に楽しんでもらおうという精神を忘れないために描いてあるのではないかと思います。では私たちは常に神様にお尻を向けているのか？　そうではありません。名前は「鏡板」です。本当はお客様の後ろにある松が、能舞台の正面の鏡に映っているのです。ご安心ください。

そして「桧舞台に上がる」という言葉があるように、能舞台は総桧で建てられています。この桧は能舞台に限らず、神社仏閣のほとんどに使われています。この理由には、現実的には腐りにくく香りも良い。色も白いからなどとありますが、こんな説話があります。

神代の時代、高天原《たかまがはら》を治めていた天照大御神《あまてらすおおみかみ》が天岩戸《あまのいわと》に隠れました。天照大御神は太陽の神なので世の中が暗闇に包まれて、多くの災いが起こりました。慌てた八百万の神々が天岩戸の前に集まり、篝火を焚きながら、天細女命《あまのうずめのみこと》が踊り始めます。そして八百万の神々が一斉に笑ったところ、外の様子を不思議に思った天照大御神が岩戸を開けました。その時、戸の側に隠れていた天手力雄神《あまのたぢからおのみこと》が岩戸を開けて天照大御神を連れ出して、再び世の中が光に照らされ平穏を取り戻したのでした。

能楽『絵馬』の題材にもなっている有名な説話ですが、この時篝火に使われたのが桧だと言われています。「この木を用いたことにより、日を取り戻し神に会えた」というところから、木＋会＝桧という漢字になったと言われています。そのため神社と桧は密接な関係だったのです。そして芸能も神社と密接だったので、舞台も桧造りになったのでしょう。

このような特殊な舞台「能舞台」ですが、皆様にも舞台にあがれるチャンスがあります。それは狂言を習うことです。千五郎家だけでも素人のお弟子さんは全国に三〇〇人ぐらいはおられると思います。皆様も狂言のお稽古をして、桧舞台に上がってみませんか。

其の十二

# 口真似

今回は太郎冠者が活躍する小名狂言の人気曲。短い曲ですが、最も狂言らしい狂言『口真《くちま》似《ね》』を解体していきましょう。

まずはあらすじから。

ある人から美味しい銘酒をもらった主人は、良い酒を一人で飲んでしまうのも面白く無いので、一緒に酒盛りができる相手を探してくるようにと太郎冠者に命じます。すると太郎冠者は、町内でも有名な酒乱の客人を連れてきてしまいます。そのような客人と酒盛りはできませんが、無下に追い返すこともできません。仕方がなく宴会をしようとしますが、粗相があって相手を怒らすと大変です。主人は「必ず自分が言った通りのことだけをするように」と、太郎冠者に命じます。しかし太郎冠者は、主人が言ったことを忠実に、口真似をしてしまいます。怒った主人が太郎冠者を投げ飛ばすと、太郎冠者は客人を投げ飛ばしてしまうのでした。

豊臣秀吉・徳川家康・前田利家の三人で演じた『耳引き』という狂言が、この『口真似』であろうと言われている、誰もが楽しめる人気曲です。

では解体していきましょう。

まず主人と太郎冠者が登場します。そして名乗りで、

「去る方より銘酒を一樽到来したが、一人食ぶるも如何なれば、誰そお心やすいお方と飲み

たいものでござる」

銘酒をもらったが、一人で飲むのは面白くないので、誰か気軽な人と飲みたいと思い、太郎冠者を呼び出します。誰か気軽に飲める人はいないかと相談しますと、太郎冠者は、

「誰れ彼れと仰せらりょうより、私と飲ませられい」

と言います。なぜなのかと主人が問うと、

「はて私ほどお心やすい者は、またと二人はござりますまい」

自分ほど気心のわかった者はいないでしょうと、軽くボケます。太郎冠者と飲むことになんの興味もない主人は、どのような人と飲みたいのかを太郎冠者に教えます。

「御酒を参るようで参らいで、また参らぬかと思えばふと参るような面白いお方」

他の家の台本には、

「これに御座るかと思えば、つっと立って帰らせらるるような」

とあるように、かなり気まぐれな人を連れて来いと言います。この主人もなかなか変わった人です。さて太郎冠者はどの人を呼びに行こうかと考えますが、難しかったのか面倒くさかったのか、

「いや下の町の〇〇殿を呼うで参ろう」

と適当に思いつきます。狂言のなかでは、度々役者の名前を使うことがあります。これも狂言特有の技法だと思います。だから「〇〇殿」は、私であれば千五郎殿ということになります。客人の家にやってきた太郎冠者は、主人が一緒に飲みたがっている旨を客人に伝えま

す。しかし客人は主人とは面識がないので一度は断りますが、

「いや、このご酒を幸いに、お知る人に成らせらりょうとの、お事でかなござりましょう」

今回の酒宴をきっかけにして知り合いになろうとの考えなのでしょうと、また適当なことを言って連れて帰ります。


家に帰ってきた太郎冠者が客人を連れてきたことを主人に報告すると、「なぜその人を誘ってきたのだ」と主人は怒りだします。すると太郎冠者は咄嗟に、

「あの人は御酒の上が、つーっと面白いお方じゃと申しまするによって、呼うで参りました」

と、またまた適当なことを言います。でも実はこの客人は酒を飲むと、

「一杯飲めば（刀を）一寸抜き、二杯飲めば（刀を）二寸抜くような恐ろしい人じゃ」

とても有名な酒乱の人でした。そんな人と酒盛りはできないので追い返すように言いますが、

「追い返す分は苦しゅうござらぬが、後日お会いなされた時、お言葉がござりまするまい」

と太郎冠者に諭され、仕方がなく酒盛りをしょうとします。しかし、こんな短気な人の前で給仕ができるような、気の利いた者がいないと言うと、すかさず太郎冠者が、

「それこそ私が良うござる」

と立候補しますが、主人は、

「なにと汝のような腰の高いものが使わるるものか」

と一蹴します。まあ当然でしょう。今この状況になっているのは、全て太郎冠者のせい。そ

の当人にしゃしゃり出て来られても困ります。ところがそれを聞いた太郎冠者は、

「腰が高くば如何程でも低ういたしまする」

と、腰をかがめます。相変わらず何もわかっていません。「腰が高い」とは「横柄である。尊大である」という意味があり、粗忽な者のことです。主人にも、

「総じて物に躾のないを腰が高いという」

と諫められますが、太郎冠者以外には誰もいないので仕方がありません。そこで主人は粗相があってはならないので、太郎冠者に、

「これからは身共の言う様する様、口真似をせい」

自分が言ったことだけを、忠実にやりなさいと言って、客人を座敷に招き入れます。

さて客人との挨拶も終わり、いよいよ酒盛りです。早速主人は太郎冠者に盃を用意するようにと、

「やいやい太郎冠者、お盃を持て」

と言いますと、太郎冠者は何を勘違いしたのか、客人に向かって、

「やいやい太郎冠者、お盃を持て」

と言ってしまいます。驚いた主人は太郎冠者に、

「やい！　お盃を持てとは汝のことじゃ」

と叱ると、太郎冠者も客人に向かい、

「やい！　お盃を持てとは汝のことじゃ」

と叱ります。そうなのです。太郎冠者は主人から口真似をするようにと言われたので、バカ正直にそっくりそのまま口真似をしてしまうのです。

仕方なく太郎冠者を部屋の隅に呼んだ主人は、

「己は何と心得ている。あれに御座るはお客。お盃を持てとは汝のことじゃ」

と太郎冠者の肩を扇子で叩くと、太郎冠者も客人を部屋の隅に呼び、

「己は何と心得ている。あれに御座るはお客。お盃を持てとは汝のことじゃ」

と客人の肩を叩きます。主人は慌てて、

「あー、さぞお肩が痛みましょう」

と客人を慰めると、

「あー、さぞお肩が痛みましょう」

と太郎冠者も客人を慰めます。何もかも口真似をする太郎冠者に対して、ついに主人は腹を立てて太郎冠者を投げ飛ばしてしまい、客人に向かい、

「それにゆるりとござれ。追っ付け私がお盃を持ちましょう」

と言って退場します。そこまでされた太郎冠者は間違っていたことに気が付きそうなんですが、

「段々難しゅうなってまいった」

と全然気付きません。そして客人を投げ飛ばし、その客人に向かって、

「それにゆるりとござれ。追っ付け私がお盃を持ちましょう」

と言って退場します。一人残された客人は、

「これは迷惑」

とつぶやき、トボトボと退場するのでした。


この狂言の上演時間は二〇分ほどしかありません。淡々と演じてしまうと、あっという間に終わってしまいます。太郎冠者も主人も客人も間合いを考えないと全く面白くありません。特に後半の口真似の場面になると、主人は少し間を持ちながら太郎冠者に命令します。やはり「ん？　こいつ何を言ってるんだ？」という間が必要です。しかし太郎冠者の方は余計な間を持たずに、淡々と受け答えをします。その方が義務感と言いましょうか、言われたことをやっているだけの感が出ます。主人がイライラしてくると徐々に間合いを詰めていき、それに乗るように太郎冠者も間合いを詰めていきます。最終的にはテンポの良いセリフの掛け合いにしていきます。そして最後の客人の「これは迷惑」で落としたいものです。

さて茂山家で良く話題に上がるのですが、主人が太郎冠者に、「これからは身共の言う様する様、口真似をせい」と言っておきながら口真似をしたことに腹を立て、太郎冠者を投げ飛ばす時も「言う様する様にせいと言えば主の口真似をする」と言います。これは可笑しいんじゃないかとあって、言い付けの時に、「これからは身共の言う様する様にせい」と言い換え

る人もいます。正直なところ、この方が意味は通じます。筆者の誤りかと思って調べると、色々な台本はほとんどが、「これからは身共の言う様する様、口真似をせい」になっています。はてさてこれはどうしたものでしょう。狂言というお芝居は口伝、口伝えで伝わってきました。室町時代にできたと言われていますが、室町時代の台本は残っていません。最古の台本は天正時代。織田信長や豊臣秀吉が活躍していた時代です。江戸時代にはいくつかの台本は残っていますが、時代によって少しづつ台詞は変わってきています。だからこの口真似の台詞も、どのように変わっていくのでしょうか。それとも変わらないのでしょうか。役者の私が言うのも可笑しいのですが、ちょっと楽しみです。

其の十三

# 魚説経

今回は出家座頭狂言の代表作『魚説経《うおぜっきょう》』を解体していきます。

まずいつも通りあらすじから。

最近まで漁師であった男が、ふとしたことから出家して僧に転職しました。しかしなりたての俄か坊主のためになかなか生活も立ち行かないので、都見物のついでにどこかの寺などに抱えて貰えればと旅に出ます。すると一間四面の持仏堂を作ったが、そのお堂の守りをしてもらえる出家を探している男と出会います。互いの望みが一致したので、この出家をお堂の守りに頼んで、連れて帰ってきました。そして早速お説法をしてほしいと出家に頼みます。しかし俄か坊主の出家は説法などしたことがありません。困り果てた末に、自分は元々漁師だから魚の名前をうまく繋ぎ合わせて説法らしく言えば誤魔化せるだろうと考えた出家は、意気揚々と説法を始めましたが……。

ちゃんとした経典から引用させたお説法に、魚の名前をもじって入れた魔訶不思議な説法。のべ約七十種類の魚の名前が出てきます。

では、順を追って解体していきましょう。

まずは出家が登場し、

**「これは津の国、兵庫の浦に住まいいたす漁師が成れる果てでござる」**

と名乗ります。この台詞の中に出家という言葉は出てきません。衣装が出家の出立ち（小格子の着付け、狂言袴、十徳、角頭巾）なので、これを知っていれば分かりますが、現在では少々伝わりにくいでしょう。

「すなどり（＝漁師）というものは朝夕物の命を取り、後世《ごせ》のことは少しも構わず、ただウカウカと暮らすを味気のう存じ、ふと斯様な姿となってはござれども、何が俄か坊主の事なればば」

やっとここで出家と分かります。なんとか言い回しを変えたいものです。続いて、

「経陀羅尼《きょうだらに》は存ぜず。斎非時《ときひじ》のくれてもなし」

お経もろくに知らず、斎（食事）をくれる檀家もいないので、日々の暮らしに苦労していました。そこで急に京見物を思い立ち、あわよくば何処かの寺に雇われないかと旅にでます。そして狂言の常套パターンの上下の街道で一休みしております。そこへとても信心深く、一間四面（約一八〇センチメートル四方）の持仏堂を建てた男が、そのお堂の世話をしてもらえる住職を探しにやってきます。都までの道案内を頼むにはちょうど良いと思った出家は、その男に道案内を頼みます。男の方も出家を探していたことなので、快く引き受け、二人連れだって道行をします。その時の台詞に、

「さてふと言葉をかけ、斯様に同道いたすも、定めて他生の縁でかなござりましょう」

「仰せらるる通り、袖の振り合わせも他生の縁とやら申しまするが、定めて深い縁でかなご

ざりましょう」
とあります。この「他生の縁」が音で聴くと「多少」と思われますが、これは「他生」で、前世からの縁という意味です。そして互いの事情を聞くと、一方は住職になれる寺を探している。また一方はお堂の住職を探している。お互いの望みが合致したので、男は出家を連れて戻りました。

さて出家を連れて帰った男は、家の者に一飯（食事）を出すように命じ、出家には説法をしてもらうように頼みます。しかし出家は俄か坊主なので説法などしたことがなく、困惑します。ここまで来て、俄か坊主だとバレてしまっては元も子もないので、考えた末に名案を思い付きます。元は漁師だった自分は魚の名前はよく知っているので、これを並べ立てて説法らしくして、この場を取り繕うというものでした。ここからが、この狂言の見所になります。魚の名前も出鱈目に並べるのではなく、ちゃんとした仏教の教えに当てはめてあります。ではその説法を解きほぐしていきましょう。

「いでいで鰆《さわら》、説法を述べんと、烏賊《いか》にも鱸《すずき》に煤けたる黒鯛《くろだい》の衣に、乾鮭色《からじゃけいろ》の袈裟を着し、水晶の数珠を蛤《はまぐり》、高麗鮫の上へ熨斗熨斗《のしのし》と鮠《はえ》あがり、金海鼠《きんこ》を鳴らし、また鰐口《わにぐち》を泥鰌泥鰌《どじょうどじょう》と打ち鳴らし、まず説法を鯣《するめ》なり」
いでいでさらば、説法を述べんと、如何にも煤けに煤けたる黒色の衣に、乾鮭色（色褪せた）

の袈裟を着し、水晶の数珠をつまぐり、高麗縁《こうらいべり》の上へのっし、のっしと這い上がり、金鼓を鳴らし、また鰐口（＝神社仏閣の軒にさげる鳴り物）をどんしゃん、どんしゃんと打ち鳴らし、まず説法をするなり。

「ちょうじも早く鯊《はぜ》集まり、心の海月《くらげ》を赤鱏《えい》にし、また鯱《しゃち》のごときも、鰻《うなぎ》の穴より出るが如く、ぬらぬらとして仏の御海苔《のり》を聴聞すべし」

聴衆も早く馳せ集まり、心の暗きを明るくし、また鯱のごとき（不明）も、鰻の穴より（不明）出るがごとく、ぬらぬらとして仏の御法を聴聞すべし。

「それ人間のはかなき命は、海老《えび》の眼を力となし、海月《くらげ》が海に浮かび漂うが如く、浮世を渡る人間世界なり。」

それ人間のはかなき命は、海老の眼を力となし、海月が海に浮かび漂うが如く、浮世を渡る人間世界のようなものである。

「つつぎり敬って藻魚《もうお》。ちぬ鯛《だい》教主鮭鰤《しゃけぶり》如来。鰤子《ぶりこ》の菩薩に申して中鯖《さば》。鰈《かれい》経を習うとも、鯰《なまず》には習うべからず。ただ鯉《こい》願うところは、鮒《ふな》落世界に鯒鯒《こちこち》と招ぜられたきなり」

慎み敬って申す。一代《いちだい》教主釈迦牟尼《しゃかむに》如来。普賢菩薩に申して申せば、仮に経を習うとも、なまじ（いい加減）には習ってはいけない。ただ乞い願うところは、補陀洛《ふだらく》（観音菩薩の降臨する霊場

であり、観音菩薩の降り立つとされる伝説上の山）世界にコチコチと招ぜられたきなり。

「ゆえに仏も鮟鱇《あんこう》の御海苔をなし給うも、これみな子魚《こうお》の為なれば、子たる者、海鼠《なまこ》、梭子魚鰣子《かますご》、雑魚《ざこ》、鱚子《きすご》、諸子《もろこ》、鰤子《ぶりこ》、金海鼠《きんこ》、はららご、いりこ、せいご、かく大勢の数の子も、親に対し鰊《にしん》あらば、これ大いなる鱶《ふか》なり」

ゆえに仏も安居《あんご》（夏期外出せずに仏道修行する）の御法をするも、これ皆な孝養（親を養い孝行をする）のためなれば、子どもたるもの、海鼠、梭子魚鰣子、雑魚、鱚子、諸子、鰤子、金海鼠、はららご、いりこ、せいご、かく大勢の数の子も、親に対し二心（疑いの心）あれば、これは大きい不幸である。

「まことに親の血引《ちび》とて、糸縒《いとより》のような細き心にて、あめの魚の如く涙を鱈鱈《たらたら》と流し、鮫《さめ》ざめと泣く」

まことに親の慈悲とて、糸のような細い心にて、雨のように涙をたらたらと流し、さめざめと泣く。

「されば観音経の文に曰く、緋鯛《ひだい》平らげ、海老《えび》観音力とも説かれたり。また心経の文に曰く、あのく蛸《たこ》三百三文鯛《たい》、鰊《にしん》般若鮑《あわび》陀心経」

されば観音経（法華経観世音菩薩普門品第二十五の俗称）の文に言うは、非体戒雷震《ひたいかいらいしん》、念彼観音力《ねんぴかんのんりき》

（どちらも法華経観世音菩薩普門品の中にある）とも説かれた。また心経（般若心経の略）の文にあるは、阿耨多羅三藐三菩提《あのくたらさんびょうさんぼだい》、五智般若波羅蜜多《こちはんにゃはらみった》心経。

「今日の殺生これまでなり。がんぎ河豚《ふぐ》毒、ぎちゅういち栄螺《さざえ》、鰹《かつお》ごしょ鯛《だい》ぐんりょう。生《なま》蛸《だこ》、生蛸、生蛸、生蛸、生蛸。鱧阿弥陀《はもあみだ》、鱧阿弥陀、鱧鮎蛸《はもあゆたこ》」

今日の説法これまでなり。願以此功徳《がんにしくどく》、普及於一切《ふぎゅうおいっさい》、我等与衆生《がとうよしゅじょう》、皆共成仏道《かいぐじょうぶつどう》。南無阿弥陀仏、南無阿弥陀仏、南無阿弥陀仏、南無阿弥陀仏、南無阿弥陀仏。

説法はここまでです。ついに怒った男は出家を突き飛ばし、罵倒します。しかし、その時も出家は巧みに魚の名前を並べて、言い訳をします。

「そのように睨み鯛《だい》をし、手長海老《てながえび》を振り上げ、はららごを立てておしゃるな。鯵《あじ》めのうちは鮎《あゆ》らしゅう言うて、今また赤目（鯛）ばって、鰤《ぶり》なことを飯蛸《いいだこ》。愚僧が金頭《かながしら》を棒鱈《ぼうだら》を持って打たれぬうちに、どれへなりと飛魚、飛魚致そう」

そのように睨み顔をして、長い手を振り上げ、腹を立てておしゃるな。初めのうちは愛らしゅう言っておきながら、今また赤い顔をして無理なことを言うな。愚僧の頭を棒で打たれぬうちに、どれへなりと飛んで行こう。

「それほど蟹がならずば、太刀魚でなりとも切らしめ」
それほど堪忍がならないならば、太刀などで切ってみよ。

と言って退場します。

狂言では《掛け言葉》や《秀句》といった言葉遊びが良く出てきます。『萩大名』や『八幡前』では、教えてもらった言葉を見事に間違えて、笑いを誘います。しかし『魚説経』のように、巧みな言葉遊びをした曲はほかにありません。江戸時代には同じ趣向の『鳥説法』という狂言があったようですが、ちょっと気になります。《掛け言葉》《秀句》と言っても、現在では《ダジャレ》《親父ギャグ》と言われて、敬遠されてしまいそうです。しかし、今でも洒落は会話術の一つで、気の利いた洒落は場を和ませたりします。昔の人のセンスにはいつも驚かされます。

滅多に上演されない狂言で、秀句を扱った『秀句傘』や『今参り』があります。言葉が難解で、掛けている言葉も掛かっている言葉もよくわかりません。でも個人的には何とか考えて上演したいと思っております。上演の暁には、皆さんご鑑賞のほど、よろしくお願いいたします。

其の十四

# 宗論

今回も出家座頭狂言の名作『宗論《しゅうろん》』を解体していきましょう。

ではいつも通りあらすじから。

京都本圀寺の法華僧が身延山からの帰り道に、善光寺帰りの京都東山黒谷（金戒光明寺）の浄土僧と道連れになりました。初めは仲良く連れ立っていましたが、互いに犬猿の仲の宗派と知って驚きます。法華僧は口実をつけて別れようとしますが、浄土僧はからかってやろうとついていきます。その内に互いの宗派の自慢をしだし、ついには宗論へと発展していきます。最後は踊り念仏や踊り題目で張り合いますが……。

柔の浄土僧と剛の法華僧。細かい台詞や演技が対照的に作られています。対照的な演技の妙や、その対立から最後は一つの思いに繋がっていく、屈指の大曲です。

では解体していきましょう。

まず始めに法華僧が登場し、

「南無妙法蓮華経。蓮華経の経の字は。狂せんと人や思うらん」

と《次第》を謡います。この次第とは、能の方ではよく謡われますが、その曲の内容の暗示や概要、役の心境などを謡にして表します。

「これは都六条、本圀寺の出家でござる。この度甲斐の身延山に参詣いたし、只今がその下向道でござる」

と名乗り、自分の宗派の自慢をしながら道行をして、お定まりの上下の街道にやってきます。そして連れ待ちがてら、休んでいます。今度は浄土僧が登場し、同じように、

「南無阿弥陀部の六つの字を。南無阿弥陀部の六つの字を。難しいと人や思うらん」

と次第を謡いますが、次第の謡い方を法華僧は強吟（強い謡）、浄土僧は弱吟（弱い謡）で謡い分けます。この狂言の魅力は、両極にあるものが争うところにあります。法華宗と浄土宗。装束も、どちらも僧侶の出立ですが、水衣と褊綴《へんてつ》。性格や台詞回しも強と弱とに演じ分けないといけません。道行きの台詞の中でも帰り道のことを法華僧は「下向道」、浄土僧は「帰るさ」と言い分けています。こういう細かいところまで演じ分けなければなりません。

さて浄土僧も上下の街道にやってくると、法華僧と出会います。聞けば互いに京都への帰り道。同じ出家同士でもあるので仲良く連れだって行き、どんな事情があろうともお互い待ち合わせ、仲良く都まで帰ろうと約束します。

法華僧「さて斯様にお供致しまするからは、互いの身の上に暇要りがあろうとも、又は虫腹がかぶろうとも、五日や十日は待ち合わせ、都まではとくとお供致しましょう」
浄土僧「何とぞそのお言葉の違わぬように願いまする」
法華僧「一旦出家沙門の申し交わいた事に、偽りはござらぬ」
浄土僧「それは何よりでござる」

このような何でもない台詞でも強弱をつけています。しかし、互いの宗派を聞くと、犬猿の仲である浄土宗と法華宗だったのでびっくり。法華僧は嫌がって別れようとしますが、浄土僧は道中をからかって行こうとします。相手の宗派が分からない間は仲良く話していますが、分かった瞬間から嫌悪感を露わにしないといけません。しかも法華僧は露骨に嫌な感じに、浄土僧は嫌々ながらも、からかう方に重きをおいていきます。そして浄土僧から法華僧に、法華宗の悪口を言い、浄土宗の良さを説きます。まず法華宗のことを、

「世上では御坊の宗旨を情が強《こわ》いと言うわ」

「法華経（妙法蓮華経の略）一部八巻の、または二十八品のというて、なま長い経を読もうより」

と批判し、

「愚僧の宗旨（浄土宗）の有り難さは、ただ南無阿弥陀仏と唱うれば極楽往生疑いなし」

と自慢して、

「又この御数珠は、忝《かたじけな》くも元祖法念上人の持たせられたる御数珠なれど、子細あって愚僧が手へ渡った。これを御坊に頂かせ、御坊を愚僧が弟子に致そう」

と迫ります。しかし法華僧は「そんな生臭い数珠は頂きたくない」と言って、今度は法華宗の良さを説きます。まず浄土宗のことを、

「世上では御坊の宗旨を愚鈍なと言うわ」

と言い、

「あそこの隅ではグドグド。こちらの隅ではグドグドと、先へも行かぬ黒豆を数えようより」

と批判します。この「黒豆を数える」とは、浄土宗では一日に何度念仏を唱えるかを日課として、その数を数珠の球で数えます。それを黒豆を数えると揶揄したのです。

「愚僧の宗旨（法華宗）の有り難さは、南無妙法蓮華経と唱えるはさておき、お経を頂いてさえ即身成仏疑いなし」

と自慢し、

「又この御数珠は、忝《かたじけな》くも高祖日蓮大上人の持たせられたる御数珠なれど、子細あって愚僧が手へ渡った。これを御坊に頂かせ、御坊を愚僧が弟子に致そう」

と迫ります。しかし浄土僧は「そんな情の強い数珠は頂きたくない」と言って断ります。法華僧は、

「勧める功徳、共に成仏（人を仏道に入れると、勧めた本人も功徳で成仏できる）」

といい、「南無妙法蓮華経」と唱えながら迫ります。すかさず浄土僧は「南無阿弥陀仏」と唱えながら応戦します。負けそうになった法華僧は、たまらず宿屋に逃げ込みます。後を追ってきた浄土僧と同部屋になってしまったために、宿屋の亭主に部屋を変えるように頼みに行きます。

法華僧「愚僧はあの者と一緒に居るは嫌やでござる。別の間があらば、貸して下され」
主　人「別の間と申してはござらぬが、見れば御出家同志でござるによって、仲良う一緒の間にござったが良うござりましょう」
浄土僧「別の間と申しては、ござるまいがの」
法華僧「如何にもござりませぬ」
浄土僧「その無いのが良うござる」
法華僧「あるやら無いやら、御坊が何を知って」
浄土僧「でも、無いと仰せらるる」
法華僧「へェ、構わぬが良い」
浄土僧「よう腹を立つる御坊じゃ」

　このやりとりでも、二人の性格の違いがよく出ています。そして、今度は浄土宗の方から宗論を挑みます。望むところだと言った法華僧が、

「それ法文さまざま有りと言えど、中にも五十展転随喜の功徳。また有り難ければ随喜《ずいき》の涙と、涙とも、説き柔らげられた法門じゃが、なにと御坊、聞いたことがあろう」

　と、説きます。正しくは「法華経の功徳は次から次へと随喜の思い（他人の良い行いを見て、それに従い、喜びの心を生じる）で伝えられ、五〇人に至ってもその効力が衰えない」という教えですが、法華僧が説いたのは、

「春、百姓が園に出て、芋というものを植える。四、五月ごろになれば雨露の恵みを受けて、一株より四、五十ばかり芽を出だし、てんでに幡を上ぐる。まんまと成長させ済まし、刃物を持って薙ぎ取り、一寸ばかり料理して辛子酢を持ってキッキッと和え、これを食べるときは、あら美味や、あら有り難やと思うて芋茎《ずいき》の涙がほろりと溢るる」

そうです。《随喜の涙》と《芋茎（里芋の茎）の涙》を取り違えていたのです。これを聞いた浄土僧は「いつ釈迦が芋茎を料理したのだ！」と大笑い。そして今度は浄土僧の番です。

「中にも一念弥陀仏即滅無量罪、また有り難ければ無量の菜、菜とも説き柔らげた法文じゃが、なにと御坊、聞いたことがあろう」

と、説きます。これも正しくは「一度でも阿弥陀仏を祈れば、即座に多くの罪を消滅させることができる（即滅無量罪）」という教えですが、浄土僧の言うには、

「世上には事足ろうだお方もあれば、事足らわぬお方もあるものじゃ。その事足ろうだお方よりお斎を下さりょうとあって参れば、膳の周りには、中には麩、牛蒡、はべん、醍醐の独《う》活目《どめ》、鞍馬の木芽漬。種々様々の物を取り調えてあるによって、あら美味や、あら有り難やと思うて、まんまと斎を行う。また事足らわぬお方よりお斎をくださりょうとあっても、そこは出家の役じゃによって行かねばならぬ。これは最前のとはひっ違え、ただ焼き塩一菜で下さるる。まず膳に向かい目を塞ぎ、南無一念弥陀仏即滅無量罪、菜、菜とも唱え、目をパッチリと開いてみれば、最前も申すごとく膳の周りには、中には麩、牛蒡、はべん、醍醐の独活目、鞍馬の木芽漬。種々様々の物を取り調えてある、あると思うて、まんまと斎を行う」

こちらも《無量の罪（数限りない罪）》を《無量の菜（数限りないおかず）》と取り違えていたのです。これを聞いた法華僧は、「それは有財餓鬼だ！」食べるものが無いのにあると思う、とても卑しいことだと言って大笑い（正しい意味とは違いますが）。「いや違う！」「有財餓鬼だ！」と言い争っているうちに、今度は浄土僧の方から、

「非学者論議に負けず（無学の者は、筋の通った議論をしてもその意が分からず自説を主張するので議論にならないという意）、愚僧はこれにて、寝仏者を致そう」

と、先に寝てしまいます。それを見た法華僧も、

「御坊は早や伏すか。宵からの雑談が過ぎたかと思えば、早や伏すの。よいよい。御坊が寝仏者をするならば、愚僧も負けていようか。愚僧もこれにて、寝法華と致そう」

と、対抗して寝てしまいます。

一足先に起きた浄土僧は急いでお勤めを始めると、これを知った法華僧も「対抗して」お勤めを始めます。負けず劣らずお経を読む法華僧に対して、今度は浄土僧は踊り念仏を始めて、法華僧を浮かそうとします。すると法華僧はまたも「対抗して」踊り題目を始めます。このように随所に「対抗する」ところも面白味の一つです。浮きながら浄土僧は「なもうだ」法華僧は「れんげきょう」と囃すうちに、お互いの念仏と題目を取り違えてしまいます。思わず口を押さえた二人ですが、ハッと気づき、最後の謡になります。

「げに今思い出だしたり。昔在霊山名法華。今在西方名阿弥陀。娑婆示現観世音。三世利益同一体と。この文を聞くときは。この文を聞くときは。法華も弥陀も隔てはあらじ。今より後は二人が名を。今より後は二人が名を。妙阿弥陀仏とぞ申しける」

釈迦は、昔は霊山においては法華と名乗り、今は西方（西方浄土＝極楽）においては阿弥陀と名乗り、娑婆（現世）においては観世音としてこの世に現れている。過去未来現世にわたって衆生（人々）に利益を与える釈迦は、すべて一体である。争うことの無益さを悟った二人は名前を「妙阿弥陀仏」と、互いの念仏を入れた名前にして、仲良く都に帰っていくのでした。

当時権力や財力を持っていた出家や座頭を風刺した「出家座頭狂言」は数多くありますが、出家同士が争う曲は他にありません。しかも本来の教えを忘れ、方法論の違いにばかり気を取られて争うことの滑稽さを痛烈に批判し、しかし最後はその教えに気づいて、謡で終曲して観客にもその愚かさを教える演出は秀逸だと思います。これがもう少し世界に伝われば宗教戦争も減るのでは……。とも思いますが、多信仰の日本だからこそできた名作なのかもしれません。

其の十五

# 末広かり

今回は脇狂言の超有名曲『末広《すえひろ》かり』を解体していきます。

「末広かり？　末広がりとちゃうの？」と、疑問を持たれる人もおられるかと思いますが、古典の表記は『末広かり』です。昔は濁音を書かなかった名残です。

ではいつもの通りあらすじから。

とある果報者が、最近は平和になったので色々なところで宴会が多いため、自分も一族を招いて宴会をすることにしました。そして、お土産に渡す《末広かり》があるかどうかを太郎冠者に尋ねます。しかし、太郎冠者は末広がりを見たこともありません。困った大名は、太郎冠者に都まで買いに行くように命じます。意気揚々と都にやってきた太郎冠者でしたが、末広がりがどのようなものか分からず困っているところに、スッパが近づいてきました。そして古唐傘を末広がりだと言って、太郎冠者に売りつけます。まんまと騙された太郎冠者は古唐傘を持って帰ります。騙されてまったく違うものを買わされたと知った果報者は激怒して、太郎冠者を追い出してしまうのでした。

主人に買い物を頼まれた太郎冠者が、まったく違うものを買ってきてしまう、取り違え狂言の代表作です。

では、いつもの通り解体していきます。

まず果報者は、紅白段の着付けに素袍袴の出で立ちで、紅白の侍《さむらい》烏帽子《えぼし》を着て登場します。

「紅白段の着付けに素袍袴」は大名でも着用しますが、千五郎家では、果報者の素袍の柄は折り鶴を使用します。そして末広がり専用の扇子を用います。そして名乗りでは、

「大果報の者でござる。天下治りめでたい御代なれば、あなた此方のご参会お触れまいは夥しいことでござる」

と、脇狂言らしく、おめでたい雰囲気満載で始まります。

「某も一族衆を申し入れ、まず正座にござるお宿老へはめでとう末広がりを進上申そうと存ずる」

と、上座に座る宿老達に末広がりを贈ろうと言います。果報者は太郎冠者を呼び出し、末広がりの有無を尋ねますが、太郎冠者は見たこともありません。太郎冠者が知らないのであれば無いのであろう。しかし、たぶん都には売ってあるだろうから、都まで買いに行くように太郎冠者に命じます。そこで果報者は末広がりの中でも、

「まず第一地紙良う、骨に磨きをあて、要元しっととして、ざれ絵ざっとした」

条件に合ったものを買ってくるように言います。今まで都に行ったことのない太郎冠者はルンルン気分で都にやってきますが、末広がりを知らないばかりか、何処に売っているかも聞かずにやって来てしまいました。聞きに帰ることもできずに困っている太郎冠者でしたが、ふとあることに気づきます。

「こう見るに、売り買う者も呼ばわって歩けば、物事早速調うるそうな」

売り声を掛けながら売っている商売人や、人が激しく行き交っている雑踏を見て、気づい

たのでしょう。自分も「末広がりがほしい！」と言って歩けば分かるんじゃないかと。そこで太郎冠者は、

「末広がり買おう！　末広がり買いたい！」

と叫んでいると、どこからともなくやってきた《スッパ》（詐欺師）が声をかけました。このスッパは、

「これは都の町を走り回る、心も直ぐに無い者でござる」

と名乗ります。自分は心が真っ直ぐじゃ無い者。悪い人間ですと、自分で自己紹介するのも可笑しいものです。

「この間は打ち続いて幸せが悪しゅうござったによって、今日は上下の街道へ出て、幸せを直そうと存ずる」

と言って登場し、大声をあげて歩いている太郎冠者を見つけ、どう見ても田舎者だから騙してやろうと思い、近づいてきます。話を聞けばやはり田舎者で、末広がりを探している。しかも末広がりを知らない。良いカモを見つけたと思ったスッパは、どこにでもある古びた唐傘を末広がりだと言って売りつけようとします。しかし太郎冠者は信用しません。そこでスッパは傘を広げてみせて、

「末、広がりになったではないか」

と言います。その姿をみた太郎冠者は納得してしまいます。そして果報者が出した条件を提示しますが、スッパは全く臆することなく、

「まず第一地紙良うとはこの紙の事。良い天気に貼り済まいたによって、弾けばコンコン申す。また骨に磨きを当ててと言うは、この骨のこと。物の上手が七日七夜が間、磨き済まいたによって、撫ずればスベスベいたす。また要元しっとしてというは、この要のこと。斯様にいたいて（傘を広げて）何處《いづく》何方《いづかた》へ指して行かせらりょうとあっても、ユッスリともいたさぬ」

とすべて合わせていきます。しかしざれ絵に困ったスッパでしたが、これも、

「これはちとカナが違うておりゃる。何方へ進上なさりょうとあっても、この柄で戯れて使わせらるるによってのざれ柄。構えて絵のとこではおりない」

とごまかします。すっかり騙された太郎冠者は古唐傘の値段を聞くと、スッパは五〇〇匹だと答えます。この匹という単位ですが、調べてみると、

「江戸時代は一匹＝十文」

とありますが、徒然草には、

「一匹＝三〇文」

とあります。そして一文は現在で約一二円ぐらいだそうです。ということは、

「五〇〇匹＝五千～一万五千文＝六万～一八万円」

となり、やはり古唐傘一本の値段にしてはかなり高いですね。余談ですが、『宝の槌』や『隠れ笠』では太郎冠者は宝物を買いに行きますが、その宝物は「紙に包んでも万匹はする」と言われます。ということは最低一二〇万円以上。宝物だったら安い気もしますが……。

五〇〇匹はちょっと高い気もした太郎冠者でしたが、急いでいることもあり、五〇〇匹で

買って帰ろうとします。しかし気持ちよく買って行く太郎冠者の態度を見たスッパは、おまけをあげようと言います。このおまけは値引くことや、物をあげることでもなく、

「見ればそなたは主持ちそうなが、主というものは機嫌の良い時もあれば、また悪しい時もあるものじゃ。その機嫌の悪しい時に、早速ご機嫌の直る囃子物を教えておまそう」

と言います。その囃子物とは、

「傘を差すなる春日山。これも神の誓いとて。人が傘を差すなら。我も傘を差そうよ。げにもさあり。やようがりもそうよの」

というものでした。

無事に末広がりを買い、おまけまでもらった太郎冠者は意気揚々と帰ってきて、果報者に報告して古唐傘を渡します。流石にびっくりした果報者は、

「このような戯れ事をせず、その末広がり早う見せい」

と古唐傘を放り投げると、太郎冠者は、

「此方にも、まだ末広がりをご存じないと見えました」

と言って、スッパがしてみせたように、嬉しそうに傘を広げて、

「なにと末広がりになったではござらぬか」

と見せつけます。唖然とする果報者を尻目にして、どれだけ条件に合っている末広がりかを語り出します。しかも「ざれ絵」とは本当は傘の柄のことで、絵のことではないと笑って

いたとまで言いだします。この同音異義語的なことは文字で書くと意味がわかりますが、台詞だとなかなか伝わりづらいものです。そのため最近では、

「絵はざれ絵ざっとしたを求めてこい」

「構えて書いた絵のことではござらぬ」

と言い換えることが多くなってきました。嬉々と語る太郎冠者の姿を見て、都でスッパに騙されたであろうと気づいた果報者は、烈火のごとく怒り出します。そしてここで初めて、

「末広がりと言うは、自体扇のことじゃいやい」

とタネ明かしがあります。しかし太郎冠者は、

「扇ならば扇と初めから仰せられたが良うござる」

と反論します。この気持ち、分からなくないこともありませんが。そんなことに聞く耳を持たない果報者は、

「これは常の扇。末広がりと言うは、この末のカーッと開いたを末広がりと言う」

と、教えます。このような形状の扇子は、能では良く使われますし、狂言でも時々使います。『三番三』の時にも使用しています。あとはお坊さんが法事の時に持っておられる、先の広がった扇子を「末広がり」といいます。私どもは「中啓」とも呼んでいます。そして紙も骨も要も、全て扇子の紙と骨と要のことと説明し、ざれ絵は稚児や若衆などを墨絵で書いた絵のことだと教え、

「それは台所に何本もある古唐傘じゃ。そのような物を求めてくるということがあるものか」

と怒鳴りつけます。しかし太郎冠者は、

「でも都の者が末広がりじゃと申しましたによって求めてまいりました」

と、責任転嫁をしようとします。こう言うところは、如何にも太郎冠者らしくて、私は好きです。この台詞を逆ギレっぽく言う人が多いのですが、私は「え〜！　だって都の人が言ったんやし〜！　僕悪くないし〜」みたいな、少し拗ねたニュアンスで言っています。


いくら言い訳をしても許さない果報者はついに、

「おのれの様な者は何の役にも立たぬ。あちへ失せい」

と追い出そうとします。いくら間違ったとはいえ頭ごなしに怒鳴られ、役立たずと言われた太郎冠者はムカッとして、

「アーー！」

と言って舞台の先に出て逆らおうとします。その態度をみて、さらに腹を立てた果報者は、

「アーーとはおのれ憎い奴の！　あちへ失せい！　あちへ失せい！」

と、太郎冠者を打ち据えながら追い出します。さすがの太郎冠者も、

「参りまする。参りまする」

と言いながら橋掛りに逃げていき、果報者は怒りを露わにしながら飛び安座で笛の上に座ります。橋掛りで少し冷静になった太郎冠者は、

「なるほど、これはお台所に何本もある古唐傘じゃ。さては都の者が誑《たら》しおったな」

と気づきます。しかしもう一つ、主人の機嫌が悪い時に、機嫌を直す囃子物まで教えてもらっていたことを思い出します。そして太郎冠者は教えられた通り、

「傘を差すなる春日山。傘を差すなる春日山。これも神の誓いとて。人が傘を差すなら。我も傘を差そうよ。げにもさあり。やようがりもそうよの」

と拍子に乗って歌いだします。これを聞いた果報者は徐々に怒りも収まっていき、ついには拍子に乗って浮かれだします。すっかり機嫌が直った果報者は太郎冠者へ、

「誑《たら》されたは憎けれど囃子物が面白い。内へ言って泥鰌《どじょう》の寿司をほうばって、諸白（清酒）を飲めやれ」

と、家の中に呼び入れます。そして、

「何かのことは言うまい。早う内に差し掛け」

「げにもさあり。やようがりもそうよの」

と謡い納めて終演します。

普通の狂言ならば、太郎冠者が騙されたことが分かると、「あの何でもない奴、退りおろ」「ハー」「エーイ」「ハー」で終わる叱り留めや、「やるまいぞ。やるまいぞ」と追い込みで終わりそうなものです。しかしこの曲は祝言性の高い脇狂言なので、不自然にもスッパが機嫌の直る囃子物を教え、それを太郎冠者が囃すことで果報者の機嫌も直り、めでたく終わります。しかも本来ならば最後の囃子物の時にはお囃子方の演奏も加わり、賑やかに終演するの

です。そして、

「傘を差すなる春日山。傘を差すなる春日山。これも神の誓いとて。人が傘を差すなら。我も傘を差そうよ。げにもさあり。やようがりもそうよの」

という謡の意味ですが、まず「春日山」とは奈良県の春日大社の後ろにある三笠山のことです。『狂言記』には「傘を差すならば春日山」とあり、「春日」と「貸す」を掛けています。だから「日差しや雨を避ける為に春日大明神が傘を貸してやろう。人々を守ってやろう」という謡なのです。諸説ありますが。最後の「げにもさあり。やようがりもそうよの」は掛け声で、「まったくだ！　その通りだ！」という感じです。

この狂言は、初めの果報者の名乗り、太郎冠者との掛け合いでは脇狂言らしくしっかりとして、なおかつ祝言性を出していかなければなりません。それから太郎冠者とスッパとの掛け合い。帰ってからの果報者と太郎冠者のやりとり。最後の謡と、まったく気の抜ける場面がありません。しかし狂言は、昔の芸能は神社仏閣と密接な関係にあったためか、喜劇性だけではなく祝言性のある演劇でもあります。その中でこの『末広かり』は秀作であり、祖父（四世千作）や千之丞の叔父貴も好きでした。だからこのような曲をしっかりと演じることが、狂言師としての最低条件ではないかと考えます。

正月になると、各公演で『末広かり』のようなめでたい曲が上演されることが多くなります。皆さんも狂言で笑って、めでたい気持ちに浸ってください。

其の十六

# 首引

今回は『首引《くびひき》』を解体しましょう。

この狂言は祖父（四世千作）や父（五世千作）も得意としていた曲で、私も大好きな曲の一つです。狂言といえば太郎冠者。千五郎家といえば『素袍落《すおうおとし》』という印象があると思いますが、祖父も父も、大名や山伏や鬼などと言った大柄な役を得意としていました。そのため、私も自然とそういう役柄が好きになってきました（体型的に合っているだけと言う噂もありますが……）。

ではまずあらすじから。

鎮西所縁《ちんぜいゆかり》の者が裁判のため西国にいましたが、無事に勝訴し、都に帰ります。その道中、播磨国印南野《はりまのくにいなみの》に差し掛かった時に突然鬼が現れて、鎮西を食べようと追いかけます。しかし命乞いをする鎮西の顔を見ると、とても男前だったので「自分の娘がまだお食い初めをしないので、この男を娘の食い初めにしよう」と思いつきます。そして娘を呼び出し、食い初めをさせようとしますが、恥ずかしがったり、鎮西の咳に驚いたりとなかなかできません。そのうちに鎮西から「ただ食べられるのも嫌だ。何か勝負をして、負けたならば食べられましょう。勝ったならば命を助けて欲しい」と提案します。承諾した鬼は、娘と腕押し・脛押しと勝負をさせますが、ことごとく鎮西が勝ちます。最後に首引をしますが、どうしても娘が劣勢になるので、鬼は眷属鬼《けんぞくおに》を呼び出して娘の加勢をさせますが……。

鎮西に対しては強く、しかし自分の娘の前ではデレデレの親バカになってしまう。鬼も人間も同じく、心の二面性を描いた傑作です。

では『首引』を解体していきます。

まず鎮西所縁の者が登場します。装束は色無し（赤色を使わない）の厚板という着付けを着て、大口と言う大きな袴を履き、側次と言う金襴の衣を着て、太刀を提げた出立です。もう狂言衣装と言うよりも能衣装です。そして、

「これは鎮西所縁の者でござる」


と名乗ります。この鎮西とは源鎮西八郎為朝《みなもとのちんぜいはちろうためとも》のことです。保元の乱に活躍した平安時代末期の武将で、鎌倉幕府を開いた源頼朝や悲運のヒーロー源義経の叔父にあたる人です。伝説では身長2メートルを超え、弓の名人で、大人が五人がかりで引くような弓を使ったとあります。そして、とても乱暴者だったために九州に追放されます。すると今度は自らを「鎮西《ちんぜい》総追捕使《そうついぶし》」と名乗って九州で大暴れして、九州を平定してしまいます。そのため鎮西（西方＝九州を治める）と呼ばれるようになります。その鎮西八郎為朝の親戚の者ですから、かなり豪傑の武将という設定です。名乗り自体も普段の主人とは違い、声もしっかりと張って、強めに名乗ります。それならば、はっきりと為朝と言っても良いと思うのですが、なんとなくボヤかしています。しかし、和泉流では鎮西八郎為朝と名乗るようです。

その鎮西所縁の者が、裁判のために西国に下っていましたが、無事に勝つことができたので、都に向けて旅に出ます（史実では追放されたことになっていますが）。

「いや誠に、故郷忘じ難しとは、良う言うたものでござる」

などと言いながら道行をします。ここも普段の太郎冠者などの道行とは違い、堂々と歩きます。そして、

「いや、これは広い渺々《びょうびょう》とした野へ出たが何と言うのであろうぞ。いや、これは播磨の印南野でござる」

と、印南野につきます。播磨国とは兵庫県のこと。印南野とは明石川と加古川に囲まれた辺りのことです。昔は降水量も少なく、荒れた土地でした。そして鬼の住む土地としても有名だったようで、他にも『鬼《おに》の継子《ままこ》』にも出てきます。また、もう一つの鬼の名所として「野中の清水」もあります。今昔物語の中に「播磨国印南野にして野猪を殺す語」という話があり、野猪が鬼に化けて男を襲う話があります。このような所から《印南野には鬼が出る》という噂があったのでしょう。印南野とわかった鎮西所縁の者が空を見上げると、

「一天俄かに掻き曇り、その上山がなるような」

と異変に気付き、いかに豪傑の者でも危険を感じ、

「このような所に長居は無用じゃ。少しも里近くに参ろう」

と逃げ出します。そこに突然、親鬼が登場し、

「いで喰らおう!」

と言いながら、鎮西を追い回します。この「いで喰らおう」とは、「いざ喰らおう」が訛ったもので、「さあ食べるぞ!」という意味になります。『清水《しみず》』や『伯母《おば》ケ酒《がさけ》』などでも同じ

で、鬼が人間を脅す時の常套句です。和泉流では「取って噛もう」と言います。親鬼の衣装は、色有り（赤色がある）の着付けに半切（文様がある大口）、法被をきて、赤頭に武悪の面を掛けての出立です。こちらもほとんど能衣装です。

流石の豪傑の鎮西所縁の者でも鬼には敵いません。

「何卒命を助けてくだされい」

と命乞いをします。命乞いをする鎮西の顔を見た親鬼は、

「見れば良い若い者でござる。ただむざむざと食うは、いかがでござる。さてそれにつき、某娘を一人もってござるが、いまだ食い初めを致させませぬによって、姫に食い初めに食べさしょうと存ずる」

と考えます。この事を鎮西に提案すると、鎮西も、

「とても助からぬ命なれば、やはりお姫に食われとうござる」

と快諾します。鎮西としては、親鬼では流石に敵わないが、もしかしたら姫鬼ならば勝ち目があるかもしれないとの算段があったのでしょう。親鬼はそのようなことには気づかず、鎮西が自分より姫鬼を選んだことに喜んで、姫鬼を呼び出します。これまでは鎮西所縁の者vs親鬼なので、親鬼も威勢をもった所作、台詞回しをしないといけません。しかし姫鬼に対しては親子関係、しかも溺愛の娘ですので、デレデレの表現をしないといけません。また姫鬼も、

「いや申し申し父様、呼ばせられまするか」

と言いながら、飛び跳ねて登場します。鬼の娘なのですが、人間の娘以上に若々しい幼稚な表現をしなければなりません。たぶん年齢設定も一六歳ぐらいのギャルでしょうか。このように極端なギャップをつけることが笑いを誘います。

呼び出した娘にこれまでの経緯を話し、食い初めをさせようとしますが、娘は恥ずかしがってなかなかしません。しかも、

「父様、噛み砕いてくだされい」

などと言いだします。それをなんとか説得し、ようやく納得した娘は、

「手から喰おうか。足から喰おうか。頭から喰おうか」

と飛びかかります。すると鎮西は突然、

「エヘン！」

と大音量の咳をします。狂言では咳のことを「すわぶき」と言います。娘が近づいてきたタイミングで、しかも娘に向かって咳をするので、ここはわざと驚かせようと咳をします。突然の咳に驚いた娘は鎮西に叱られたと思い、親鬼に告げます。怒った親鬼は鎮西を責めますが、

「私このごろ外気《がいけ》（病気）でござって、時ならず咳《すわぶき》が出まする」

と言って許しを乞います。仕方なく姫鬼を説得し、また食べに行かせます。次に鎮西は扇子を広げて動かし、近づいた娘の顔を打ちつけます。親鬼は激怒しますが、鎮西はまた、

「私はこの度上気《じょうき》いたし、時ならず扇使いをいたしまする」

このたびの裁判で勝訴し機嫌が良いので、扇子使いをしていたと言います。この扇子使いの型を《右肩《ゆうけん》》と言い、嬉しい時、喜びを表現するときに使う型です。ここでも親鬼は納得し、姫鬼を説得します。咳で驚く姫鬼を心配し事情を聞く時。鎮西に怒りに行く時。咳だと知り姫鬼をなだめる時。姫鬼が扇子で叩かれて激怒して鎮西にかかる時。もう一度姫鬼をなだめる時。すべて親鬼の台詞、動きに違いをつけなければなりません。

親鬼が姫鬼をなだめている時に、ついに鎮西は勝負に出ます。

「鬼神に横道無しと申す。私もむざむざと喰わるるは嫌でござる。何ぞ勝負をし、負けたならば服せられましょうず。また勝ったならば命を助けてくだされい」

「鬼神に横道無し」と言う諺は「神や鬼は邪まな心は持たないものだ」という意味です。ただ食われるのは嫌だから、勝負の勝ち負けで決めましょうと、鎮西は提案します。「これは面白い！」と親鬼は勝負を挑もうとしますが、

「お姫に喰わるる事なれば、やはりお姫といたしとうござる」

と言います。完全に鎮西の作戦勝ちです。

さて鎮西と姫鬼の勝負は《腕押し》に決まりました。腕押しとは腕相撲、アームレスリングのことです。二人は舞台の先で腕を組み、親鬼の掛け声で始めますが、姫鬼は瞬殺されます。その時姫鬼は、

「妾の楓のような優しい手に、毛の生えた手で擦りつけました！」

と駄々をこね、親鬼は、

「なぜ姫の楓のような優しい手に、毛の生えた手で擦りつけた？」

と迫りますが、鎮西は、

「とかく勝負事でござるによって、ちと強う当たったものでござろう」

と言い訳します。然もありなんと思った親鬼は、

「次の勝負は何をするぞ？」

と聞きます。「ん？　一回負けたやん？」と疑問に思いますが、狂言での勝負事は三番勝負が定番のようです。『土筆《つくづくし》』や『膏薬煉《こうやくねり》』などで、勝負に勝って帰っていく者に対して、負けた方は後ろから、

「やい、やーい。勝負は三番の物じゃ。返して勝負をせい。あの卑怯者、誰そ捕らえてくれい。やるまいぞ、やるまいぞ」

と追い込んでいきます。


次の勝負は《脛押し》に決まります。《脛押し》は足相撲と言い、互いに片足の脛を合わせて押し合います。現在でも足相撲の名人がいて、プロレスラーと勝負をして圧勝したというとあるテレビ番組でありました。そしてこれでも鎮西が圧勝します。ここでも姫鬼は、

「妾の柔らかな腿に、毛の生えた足を擦りつけました！」

と駄々をこね、親鬼は、

「なぜ姫の柔らかな腿に、毛の生えた足を擦りつけた?」

と迫りますが、鎮西は、

「とかく命懸けのことでござるによって、ちと強う当たったものでござろう」

と言い訳します。このように同じような展開を繰り返すのも狂言の特徴ですが、「勝負事」を「命懸け」と微妙に変えるところも狂言らしいです。この次の勝負は『首引』になりますが、「ん? 三番勝負で二連勝したら終わりちゃうの?」と思いますが、そこは触れずに行きましょう。これはお互いの首に紐をかけて引き合います。浮世絵にも残っているので、昔は有名な遊び、勝負の手だったんでしょう。やはりこれも鎮西が優勢なので、親鬼は眷属鬼を呼び出して、姫鬼の加勢をさせます。

親鬼に呼ばれてやってきた眷属鬼は、姫鬼の後ろに連なるように並び、親鬼の掛け声を合図に、

「エーイサーラ、エーイサーラ、エーイサラ。エーイサーラ、エーイサラ」

と引きだします。姫鬼+眷属鬼四~五匹と鎮西の対決ですが、それでも鎮西が勝ります。ジリジリと引かれていく姫鬼たちに親鬼は音頭をとって囃します。

「引けや引けや鬼ども。精出せや鬼ども」

「エーイサーラ、エーイサラ。エーイサーラ、エーイサラ」

「姫が方が弱いぞ。精出せや鬼ども」

「エーイサーラ、エーイサラ。エーイサーラ、エーイサラ」

悠然と引いていく鎮西は一ノ松まで引いていき、頃合いの良いところで紐を外して逃げて行きます。反動がつき、後ろに姫鬼・眷属鬼は転げてしまいます。これを見た親鬼は、

「いで喰らおう！　いで喰らおう！　いで喰らおう！」

と追って、退場します。眷属鬼たちも親鬼について退場して行きます。後に残った姫鬼は、

「妾も一緒に連れて行て下されい。まず待たせられい、まず待たせられい」

と退場します。親鬼と鎮西は真剣勝負をしていますが、姫鬼はどこか遊びの延長のような雰囲気を残して終演します。


この狂言は親子愛をテーマにしています。恐ろしい存在の親鬼がとても親バカで、姫鬼の機嫌を取ったり宥めたりすることで、人間の役で表現するよりも誇張的に表します。また姫鬼もオーバーに演じることで、十代の生娘の天真爛漫さを表現します。そしてその間に挟まりながら命が助かるよう、虎視眈々と狙っている鎮西の強かさ。三人三様のキャラクターが織りなす人間ドラマを描いた名作です。正直なところ、衣装も重くて面もつけ、台詞も動きも多い狂言ですが、とても楽しいやりがいのある狂言です。私もこの体型を活かして、楽しい『首引』を演じて参りたいと思います。

其の十七

# 居杭

今回は子方（子役）が大活躍する『居杭《いぐい》』を解体します。

ではあらすじから。

居杭という名の男には、とても目を掛けてくれる男がいますが、いつもその家に行くと悪戯に頭を叩かれます。それが嫌なので、清水の観世音に「なんとかして欲しい」と祈願をかけると、夢のお告げに頭巾をもらいます。この頭巾を被れば姿が消えるとのことです。本当なのか確かめようと早速男の家に行き、頭巾を被ると確かに姿が消えます。びっくりした男は算置き（占い師）を呼んで、居杭の居場所を探らせますが……。

狂言では、神仏に祈願をすると必ずご利益を授かります。今回は頭巾を被ると透明人間になってしまう、ＳＦ的な狂言です。

では解体していきます。

狂言の登場人物はほとんど固有名詞をもっていませんが、珍しく居杭と言う名の男が出てきます。『狂言不審紙』によりますと、

「昔猪首何某と言う人あり。面白き人也と世人猪首猪首と異名せりを、この狂言の趣意にて名目にす」

とあります。なぜこの曲にだけ名前を付けたのかは不明ですが、そのような由来があるようです。また子方が演じる決まりではありませんが、キャラクター的にも子方が演じた方が

可愛いので、子どもで演じることがよくあります。私たちも小学生までに演じることが多いです。それ以外ならば、ずっと年寄りになります。八〇歳を越えてからの祖父四世千作や先代千之丞の『居杭』は印象的でした。

この居杭が普段から頼りにしている男がいますが、この男には変な癖があります。それは居杭の頭を叩いて可愛がるということでした。一度か二度ならば我慢もできましょうが、毎回となるとさすがに辛く思った居杭は、

「清水の観世音に祈誓を掛けてござれば、御夢想にこの頭巾を下されてござる」

と、頭巾を一つもらいます。この頭巾の効力とは、

「この頭巾を着れば頭を張られぬか。但しまた張れても痛うないか」

はっきりしませんが、なにか不思議な効力が有るようです。居杭は効力を試すために、男の家にやってきます。男は居杭を見るなり、

「この間は久しゅう見えなんだぞ。えい居杭！」

と、早速頭を叩きだします。居杭も、

「この間は田舎に参っておりまして、自ずとご無沙汰致いてござる」

と言い訳をします。男は、

「そのようなことならば良いが、誰そ中言（悪口）でも言うたかと思うて、いこう気遣うたい。やい居杭！」

と頭を叩きます。居杭も、

「誰も中言は申しませぬが、いつもこれへ参れば頭を張り、ひたもの頭を張らせらるるが迷惑さに、自ずとご無沙汰致いてござる」

と応戦します。男は、

「そちの頭を張るは憎うて張るではない。そっとも心に掛けな。居杭！」

と言い訳をしながら頭を叩きますが、居杭は、

「ご存知のお方は良うござるが、ご存知ないお方は、あの居杭はあのように頭を張られても、何が嬉しさにお出入りをするぞと思し召すお方が迷惑に存じまする」

と怯みません。男も負けずに、

「そちの頭を張るは何れも良うご存知じゃ。そっとも心に掛けな。居杭！」

と頭を叩こうとしますが、ここで居杭は頭巾を着ます。必ずこのタイミングで頭巾を被らないといけないので、これより前の段階で頭巾を出して用意しておかなければなりません。長台詞が三回あり、頭巾を出すタイミングや、頭巾を素早く被らないといけないとか、子ども心に大変やなぁと思っていました。


さて目の前で人が消えて驚く男を見て、居杭も驚きます。本当に消えたのか確かめようと、男の前を指を指して回ります。この辺りも狂言らしい演技です。どうやら見えていないと分かった居杭は試しに頭巾を取り、再び姿を見せると、男はどこに行っていたかを問いただし

ます。居杭は、

「門前に用の事がござった」

と言い訳をするので、家の中に入れて座敷に通します。そして五日も十日も泊めて、好きなだけ頭を叩こうと言いだすと、居杭は「それぐらいでは帰りませんよ」と言いながら、また頭巾を被ります。二度も目の前で人が消えたので驚く男を他所に、居杭は面白がり、

「清水の観世音は現仏者じゃと申すが、近頃ありがたい事でござる」

と感謝しています。


二度も目の前で人が消えて驚いている男のところに、算置きがやってきます。算置きとは、算を置いて占いをする占い師です。「さんおき」がなまって「さんのき」と発音するのが正しいのですが、なぜか千五郎家では昔から「さんぬき」と発音しています。この算置きが幕より、「占屋算、占の御用、しかも上手。占屋算、占の御用、しかも上手」

と言ってやってきます。自分で上手と言うところなど狂言らしく、なんとなく胡散臭い気がします。


男は算置きを呼び止め、家に上げます。算置きは座敷の様子を眺めながら、

「これは五百八十年七回りまでもご子孫ご繁盛のお家の図でござる」

と大層そうに褒めます。狂言の台詞の中で、稀に「五百八十年七回り」が出てきます。こ

の七回りとは、一回り六〇年の干支の七回りで四二〇年。それに五八〇年を足して千年になり、「末長くいつまでも」という意味です。家をざっと褒めた算置きは何を占って欲しいのかを聞くと、失せ物と聞き、まずは簡単な手占をします。

**「たんちょ。けんろ。ぎんなんぱ。ぎんなんぱ」**

なんとも奇妙な呪文です。しかし、その手占いで探しているものが生類（生き物）であることを当てます。その生類がこの家から離れたかを見て欲しいと言われ、算を取り出して本格的に占いだします。その時に、**「私の置く算は良う合うとあって、何れへ参っても、私の有る名を仰せられいで、ただ有り様来たか！　有り様来たか！　と仰せらるることでござる」**

「有り様」は「明らかにする」から、何でも分かる者ということでしょう。そして取り出している算を見た男は見慣れない算だと言うと、算置きは、

**「これは天狗の投げ算と申して、私の家ならでは、他に持ちいぬ算でござる」**

と言います。行方不明になると「神隠しだ！　天狗の仕業だ！」と言っていた時代なのに占いの方も「天狗の投げ算」とは洒落が効いているように思います。

さて占い始めるにあたって、日にちと時刻を確認しますが、これは実際の日にちを言います。たとえば「令和二年一月十日」などと言います。そして、

**「今日の卦体（占いの結果）は是に当たりまする」**

と言って、脇座を見込みます。実は脇座に居杭が座っているのでした。

**「一徳六害《いっとくろくがい》の水。二儀七陽《にじしちょう》の火。三生八難《さんぞはつなん》の木。四刹九厄《しせつくやく》の金《かね》。五鬼十《ごきとう》の土。水生木《すいしょうもく》。木《もく》**

生火《しょうか》。火生土《かしょうど》。土生金《どしょうきん》。金生水《きんじょうすい》。金剋木《きんこくもく》」

と順に算木を並べていきます。これは陰陽五行から出ています。陰陽道の忌み詞に、「一徳六害・二儀七陽・三生八難・四刹九厄・五鬼」があり、これらが五行の根元の「木・火・土・金・水」が習合されたようです。また古い占いの言葉として「一徳天上水、二儀虚空火、三生造作木、四殺剣鉄金、五鬼欲界土、六害江河水、七陽国土火、八難森林木、九厄土中金」もあり、案外デタラメでは無さそうです。そしてこれだけ大層なことを言って分かったことは、「失せ物が部屋から出ていない」ということだけでした。男は部屋にいて見えないものではなく、それは人間だと言います。驚いた算置きは改めて算木を置きだします。

「犬土走れば、猿木に登る」
「ねずみ桁走れば、猫キッと見たり」

さっきまでは格好良かったのに、急に俗っぽくなってしまいます。しかし脇座に座っている居杭の場所を探し出していました。男は脇座の辺りを探しますが、居杭もじっとはしていません。見つからないように居場所を変えますが、これも算置きにバレてしまい、また、

「大水出れば堤の煩らい」
「大風吹けば古家の祟り」
「あちらとこちらは隣なりけり」

と占い出します。先程の占いの言葉もこの言葉も、至極当たり前のことを言って笑いを誘いますが、ぴったりと当てるところも狂言らしいです。今度は男と算置きの間にいることが

分かった二人は居杭を探しますので、再三当てられては敵わないと思った居杭は、八卦本を散らかし、算木を数本取ってしまいます。これを見た算置きは、

「八卦本の取り散らけ。算木が数多知れませぬ。此方にはお暇の余り、算置きを呼うで、算を置かせいで嬲《なぶ》らせらるるそうな。一本も無うてはなりませぬ。早う出させられい」

と怒り出します。男の方も、

「其方は最前の生類が合うたばかりで、いかい下手じゃ。早う仕舞うて去んでおくりゃれ」

と怒っています。その様子を見ていた居杭は悪戯心を出し、算木を二人の間に投げだします。お互いを罵り合っている二人の空間から突然算木が落ちてくるので、二人は驚きながら、まだ罵り合っています。今度は喧嘩をさせようと思った居杭は、鼻を引っ張ったり、耳を引っ張ったり、肩を叩いたりとやりたい放題。居杭ではなく、お互いがやっていると思った二人は、ついに刀の柄に手を掛けながら、取っ組み合いの喧嘩を始めます。さすがにマズイと思った居杭は、

「アー申し申し、そのように聊爾《りょうじ》をなされまするな」

と止めに入りますが、声はすれども姿が見えず。戸惑っている二人の間に頭巾を取りながら、

「お尋ねの居杭はこれにおりまする」

と言って現れ、大笑いをして逃げてゆくのでした。

狂言に出てくる権力者や能力を持った人は、その力が効かないか、効きすぎて失敗するパターンがほとんどですが、この算置きは百発百中に占いを当てていきます。しかし、そのような能力の有る者や大人が、透明人間になった子どもに振り回されるところに可笑しみがあります。やはりおっさんが演じるより、子どもが居杭を演じた方が可愛げがあると思います。

子役のいる狂言、子どもの時に演じる狂言はたくさんあります。その稽古はほとんど父に付けてもらいました。よく千五郎家では「祖父が孫を教える」と言いますが、それは中学生以降のことなのです。私たちは中学生になると『京都能楽養成会』という養成機関に入会し、狂言以外の謡曲や囃子を勉強します。そこの狂言の講師が祖父でしたので、それ以降の稽古は祖父に習うことになります。だから『三番三』『釣狐』『花子』などの大曲は祖父から習いましたが、小学校までの舞台は父から習いました。ですから『以呂波』や『口真似』、『柿山伏』や『蝸牛』などは、父の演じ方の方が色濃く覚えています。狂言師としての骨格を作ってくれたのは、間違いなく父（五世千作）でした。また日々の稽古には曽祖父（三世千作）がまだ生きておりましたので、台詞や謡は曽祖父につけてもらっていました。その後私が成人する頃には、父や祖父も忙しくなり、大叔父の先代千之丞や、叔父の七五三を捕まえて、稽古をしてもらいました。このように色々な人から、色々な角度で狂言を習ったこと、習えるところが、今の私の舞台、強いては千五郎家の芸の多様性に繋がっているのではないでしょうか。

其の十八

# 茶壺

今回は『茶壺《ちゃつぼ》』を解体したいと思います。

では、いつもの通りあらすじから。

とある男が酒に酔って、千鳥足のまま謡を歌いながら登場して、舞台の真ん中で寝てしまいます。そこへ昆陽野《こやの》（兵庫県伊丹市北部）の宿場のスッパ（詐欺師）が現れ、男が背負っている茶壺を盗もうとして、空いている肩紐に手を通して、男の横で寝てしまいます。男は目を覚ますと、見知らぬ者が自分の茶壺の肩紐に手を通して寝ているので、びっくりしてスッパを起こします。そしてお互いが自分のものだと言い争っていると、目代（代官）が現れて二人の仲裁に入ります。まず目代は男に事情を聞いてから、スッパにも事情を聞きます。しかしスッパは男の話を盗み聞きしていて、同じことを目代に言います。どちらが本当のことを言っているのか分からない目代は、茶を詰めた記録（入り日記）を聞こうとします。男は小拍子に掛かって謡節で答えますが、スッパも真似をして答えます。困った目代は、相舞（二人同時に舞う）をさせてどちらがスッパかを判断しようとしますが……。

相舞とは二人一緒に舞うことで、息の合った演技は見どころになりますが、この狂言の相舞はちょっと違います。息の合っているような、合っていないような。不思議な相舞をお楽しみください。

では解体していきましょう。

狂言では《名乗り》という自己紹介から始まることがほとんどですが、この狂言はいきなり酔っ払った男が千鳥足で謡を謡いながら、上機嫌で登場します。

「ざざんざ。浜松の音は、ざざんざ」

という狂言の中で最も謡われている、しかもまったく意味のない謡を謡います。そして舞台の真ん中にやってきた男は、

「この道はいつも一筋じゃが、今日は三筋にも四筋にも見ゆる」

と言い、

「あーりゃ、世間が回るわ。回るわ。回るわ」

と自分がクルクルと回りながら、道の真ん中で寝てしまいます。この表現は狂言の中でたびたび出てきますが、とても酔っ払っていることがわかる、よくできた狂言らしい描写だと思います。そしてこの男が何者で、どのような用事があって出てきたのか、まったく分からないままに舞台が転換します。

次にスッパが現れて名乗ります。

「これは昆陽野の宿を走り回る、心も直ぐに無い」

この「心も直ぐに無い」とは、心が真っ直ぐで無い。悪者という意味です。自分で悪者だと自己紹介するのも変な気がしますが。そのスッパが、最近は不景気なので仕事をしようと出かけます。その時に、

「今日は門出を祝うてござるによって、なにぞ幸せの無いと申すことはござるまい」

と言いますが、悪いことをするのに縁起を担ぐあたりもおかしなものです。そして、道の真ん中に寝ている男を見つけます。スッパは男を起こそうとしますが、泥酔している男は、なかなか起きません。するとスッパは、

「見れば良い片連尺をさいている」

と男の背負っている荷物に目をつけます。しかし連尺（肩紐）とは荷物などを背負う時の紐のことなので、片連尺ではなく茶壺や荷物と言うのが本当でしょう。そしてスッパは、男が手を通していない方の連尺に手を通して、男の隣で寝てしまいます。

朝を迎えて目を覚ました男は、

「誰そ湯をくれ！　茶をくれ！　水をくれ！」

と、家で寝ていたつもりで叫び、酔っ払って道の真ん中に寝ていたことに気づき、あまりの醜態に自分を恥じます。そして道を急ごうと立ち上がろうとして、自分の荷物に手を通して寝ているスッパに気づきます。驚いた男はスッパを起こすと、今度はスッパが自分の荷物だと言いだします。お互いがお互いの主張を譲らず口論をしているところに、目代（代官）が駆けつけて仲裁をします。まず男の方から、どこの者で、争っているものは何かを尋ねると、

「まずあれは茶でござる」

と答え、

「私は中国方の者でござるが、私の頼うだお方は殊の外茶に好かれまする。毎年栂尾《とがのお》へ茶を詰めに遣られまする。当年もまんまと詰めて下りまするところに、昆陽野の宿に標べがござって、それへ立ち寄ってござれば、殊の外御酒に強いられまして、この所を路次とも存ぜず伏せっておりまするると、いつの間にやら、あれ！　あの者が何方からやら参って、私の片連尺に手を掛け、我が者じゃ！　寄越せと申しまする。それをやるまいと存じて、一つ二つ申し上がってのことでござる。目代殿ならば屹度叱ってくだされい」

　私は中国地方の者ですが、私の主人はとても茶が好きで、毎年栂尾まで茶を買いに行きます。この栂尾は京都市右京区栂野山高山寺周辺を指し、古くはお茶の名所で畿内の茶栽培の発祥地だったようです。そしてその帰路に、昆陽野の宿場で酒を飲んで酔っ払い、このところで寝ていると、いつの間にかあの男がやってきて、私の片連尺に手をかけて自分のものだと言います。そのために口論になりました。目代殿ならばちゃんと叱ってくださいと言います。次に目代はスッパの方にも聞きにいきますが、スッパは男の言ったことを盗み聞きしており、男とまったく同じように答えます。これではどちらが正しいことを言っているのか分からない目代は、茶の入り日記（お茶の種類や経緯を記したもの）を男の方に聞きます。男は自分のものだから当然知っているので、スッパから聞くようにと促します。しかしスッパも同じことを言って、男から先に言うように促します。ここで男も目代も怪しく思えば良かったのですが、目代はあっさりと男から先に言えと言い、男も今度は拍子掛かりで謡い舞って言いながら、

「我が物ゆえに骨を折る。我が物ゆえに骨を折る。心の内ぞおかしき。さ候らえばこそ。さ候らえばこそ。俺が主殿は中国一の法師にて。日の茶を点てぬ事なし。一族の寄り合いに本の茶を点てんと。五十貫のくりを持ち。多くの足を使うて兵庫の津にも着いたり。兵庫を発って二日に。栂尾にも着きしかば。峰の坊。谷の坊。殊に名誉しけるは。赤井の坊の穂風を。十斤ばかり買い入れ。背中にきっと背負うて。兵庫を指いて下るを。昆陽野の宿の遊女が。袖をじっと控えて。今様朗詠しぼり萩を歌うて。押さえて酒を強いたり。酒に酔いて寝たるを。日本一の大風のあの古博打打ちが来たって。我が物と申すを。判断なしてたび給え。所の検断殿」

と説明します。続いてスッパにも聞きに行くと、スッパはまた完璧に真似をします。当然と言えば当然なのですが、謡も長く型も多いので一見しただけで覚えられるはずはないんですが、そこが狂言！　理屈は関係ありません。これでも判断がつかない目代は、今度は相舞にするように言います。お互いが相舞を了解したことでまた口論を始めると、目代が割って入り、

「論は無役。急いで相舞にせい」

「両人とも良う聞け。そっとでも違うた方を曲事《くせごと》に言いつけるほどに、そう心得い」

どちらか間違った方を偽物にするから、早く相舞をせよと言います。二人は相舞を始めますが、今度はスッパが全然覚えていません。男のすることを横目で見ながら、必死で合わそうとします。しかし男もそれが分かってか、外したり透かしたりしながら、スッパをからか

うように舞います。ついさっきまで完璧に舞えていたのに、急に舞えなくなったギャップ。微妙にズレながら舞う相舞。男が謡を急に早めたり緩めたりしてスッパを翻弄していく。ありえない設定やアンバランスさが、この狂言の醍醐味でもあります。スッパも同じテンポや間合いで忘れたりズレたりしては面白くないので、仕掛ける男もタイミングを変えて早めたり遅めたり、スッパもたまには先走ってしまい戻ったりと、色々と工夫をしなければなりません。

漸うのことで相舞も終わり、目代は最終判断をします。その判決とは、

「総じて昔より物言い・争い・掛け禄は、必ずせぬものじゃ。その上奪い会う物は中から取るとは言わぬか。じゃによって、これは身共がして退くぞ」

争っている二人の隙に、第三者が利益を奪うことはよくあることだ。だからこれは私が貰っていくぞと言って、目代は茶壺を持って退場します。残された二人は、

「そなたの物にも成らなんだ」

「和御寮の物にも成らなんだ」

「いざ追っかきょう」

「それが良かろう」

「あの横着者、誰そ捕らえてくれ。やるまいぞ、やるまいぞ」


と言って追いかけて、退場します。

男の言ったことを、スッパは寸分変わらず繰り返さないとダメですが、それだけでは面白くありません。多少口ごもったり、一瞬忘れた素振りを入れないと、あまりにも白々しくなってしまいます。相舞になってからも、男の謡から徐々にスッパの謡がズレていきますが、これも全く相手の間やテンポを考えずに演じると、単なるバタバタのグダグダした煩いだけの舞台になってしまいます。お互いの謡もちゃんと観客に伝わるように考えながら謡わなければなりません。どのタイミングで外し、どのテンポではめ込むのか。両者の駆け引きが綺麗にハマってこそ、この『茶壺』の魅力が表現できると思います。二〇分程度の短い狂言ですが、語りあり、謡舞あり、そして役者のセンスが問われる難しい狂言です。

其の十九

# 釣狐

さて今回は、最後に相応しく、秘曲『釣狐《つりぎつね》』を解体していきます。この釣狐は最高難易度の極重習に位置づけられており、ほかの極重習には『花子《はなご》』『狸腹鼓《たぬきのはらづつみ》』があります。全ての演技に難しい習いがあるので、どうしても専門的になりすぎるかもしれません。

まずはあらすじから。

猟師に一族の若狐を次々に殺された老狐は、猟師の伯父の伯蔵主《はくぞうす》に化けて、殺生をやめさせようと意見をしに行きます。猟師の家に着いた老狐は、狐の執心の深さを物語った「殺生石」の故事を話し、狐を狩ることをやめさせようとします。そして罠も捨てるように迫りますが、伯蔵主の行動を不審に思った猟師は、罠を捨てたと見せかけて、捨て罠ということにしておきました。猟師に狐釣りを止めることを約束させ、罠まで捨てさせて喜んだ老狐は、小唄を歌いながら巣へ帰ろうとします。しかしその道中で、猟師が掛けた捨て罠を見つけてしまいます。危険だと知りながらも餌の魅力に耐えられなくなった老狐は、伯蔵主の姿のままでは罠に掛かってしまうと思い、本性を現して餌を食べようと言って退場します。罠のあたりで狐の鳴き声がしたので不審に思った猟師が様子を見に行くと、散々に罠が荒らされていました。やはりさっきの伯蔵主は狐が化けていたと悟った猟師は、今度は本罠を仕掛けて、老狐を待つことにしました。そこへ、元の姿になった老狐がやってきて……。

技法、精神力、体力、難易度。すべてにおいて最高峰に位置する秘曲です。

では、解体していきましょう。

まず、『釣狐』と『狸腹鼓』の二曲に限ったことですが、鏡の間や楽屋内に屏風を立てて、周りから遮断された空間で装束を着けます。装束の準備から装束の着付けにいたるまでも秘事になっているので、他人に見せないためです。だからその中に入り装束を着付けられるのは、『釣狐』を演じた者のみです。開演前になると、役者と舞台に切り火をします。これは狐を演じるので、狐に取り憑かれないために、身を清める意味があります。そして、最初に切戸口からお囃子方（笛・小鼓・大鼓）が登場し、《次第》の囃子が始まります。次第については先に説明しておりますが、本来はお囃子が入ります。昨今では諸事情により次第のある狂言でお囃子方ナシにすることが多いのですが、私は『釣狐』には必ずあった方が良いと思います。何故ならば、笛のヒシギの後に大小の鼓の音色が入ると、秋の夕暮れの雰囲気が良く出てくるからです。幕が開くと、伯蔵主（に化けた老狐）はその場（まだ橋掛りに出ていないところ）で一度正先を向いてから、また正面に直してから登場します。登場の際に杖竹を突きながら登場します。じつは、これには杖竹を突きながら歩く方法と、杖竹を突かずに僅かに浮かせながら歩く方法と、二通りあります。どうやら突かない方が正しいようです。これは、「杖を突く動作は人間しかしない動作である。この伯蔵主は狐が化けているのだから、杖は突かない」という理由です。しかし私は突いて出ます。しかも「心」という字を描きながら突きます。「そう習ったから」という理由もありますが、先ほど触れたように、大小の鼓の音色に合わせて、杖の突く「コツ。コツ。コツ」という音が響くと、より一層不気味な、異質な雰囲気が出て、『釣狐』独特の緊張感が増すように思います。またその後の演技でも間合い良く突くことにより、演技にメリハリも出てくるのです。

橋掛りより舞台に入り正面を向く時に、「獣足」という特殊な足運びをします。これは両足をすばやく抜きながら方向を変えます。『釣狐』特有の演技です。そのまま名乗座に登場し、伸び上がる時に左手に持っている数珠を杖竹に掛けて、向きを変えるときに勢いよく数珠を引き、「シャリ！」と音を出します。これも『釣狐』特有の演技になります。そのまま大小前に行き、次第を謡います。

**「別れの後に鳴く狐。別れの後に鳴く狐。コンカイの涙なるらん」**

この「コンカイ」は「後悔」と狐の鳴き声の「コン」「カイ」を掛けています。そして名乗座に戻り、名乗りになります（秘曲としてあつかわれているので、今回は台詞を載せるのは流石にマズイかなと思い、現代語訳を中心に！）。

**「これはこの辺りに住んでいる狐です」**

この〝狐〟の発音が独特で、「き」を裏声に近い甲高い音を出します。他家では鳴き声でもある「カイ」を甲高く発音します。例えば「執心のふカイ」などです。これは、人間に化けてはいるが、あるキーワードのみを異質な発音をすることにより、本能に逆らえない獣の性《さが》を表しています。

**「ここに〇〇という悪戯な者がいて、一族の若狐を狩り取るために、安心して餌を食べられ**

なくて困っている」

狂言のよく使う手法で、○○には猟師役の役者の名前が入ります。

「このままではいけないと思い、彼の伯父の伯蔵主に化けて意見をすれば承知するだろうと思い、伯蔵主に化けてきた」

といい、月明かりでできた自分の影を見て、うまく化けたことを確認します。そして時刻も良いので、猟師の家に向かいます。道行の途中で、

「彼奴が犬を飼っていると恐ろしくて近づけないが、飼っていないことだけが取り柄だ」

と、こんなに悪い猟師でも一つくらいは良いところもあると皮肉を言った直後に飛び上がり、左右に飛びながら辺りを見渡します。これは遠くでした犬の鳴き声に驚いて、思わず獣らしい動作をしてしまったことを表します。このように、随所に獣らしい所作を交えながら演じなければなりません。このメリハリの付け方が如何にも獣が化けている演技であり、難しいところです。また、

「恐ろしさから遠くで鳴いた犬の声が、近くで鳴いたと思ってしまって驚いたのだろう」

と、いくら一族の為とは言え、人間に近づく恐ろしさも持っています。同様に猟師の家に着いたときにも、恐ろしさから顔を伏せて震える演技をします。そして、

「物申、案内申」

と案内を乞います。このときも「あんないも〜」だけ甲グリと言って、裏声を使い一番高い声を出します。案内を聞いて出てきた猟師が、

「伯蔵主様でしたか！」

と声を上げると、伯蔵主は驚いて身を震わせます。

「日の暮れてしまったのに、どうしたのですか」

と猟師が問うと、

「話があってやってきた」

と、伯蔵主は答えます。

「それははるばる有難うございます。どうぞ家に上がってください」

と言いますが、伯蔵主は警戒してこのままで話そうと言います。そして伯蔵主は、最近狐狩りをしているだろうと迫りますが、猟師はいったんはシラを切ります。その時に伯蔵主は、

「イーヤー。イーヤー」

と体を左右に大きく振りながら言います。その時に猟師は「あれ？ なんか様子がおかしいぞ」と不審そうな反応をします。そして、やってくる人が噂をしていると言われ、猟師は観念して白状します。伯蔵主は、

「仏の戒めにも、殺生・偸盗・邪婬・妄語・飲酒戒の五悪の内、殺生を一番初めに戒められている」

と言い、狐がどれほど執心深く恐ろしい存在であるかという「殺生石」の故事を語りだします。その冒頭で、

「総じて狐は神にてまします」

と言います。父から「この台詞は狐が猟師に一番伝えたいことだから、思いっきり大きく、張って言いなさい」と教わりました。「この後に語りがあり、まだまだ台詞も謡もあるので、マジですか！」とも思いましたが、それももっともだと思い、守って演じています。まあ父以外から言われたこともありませんし、反対にまわりから「序盤で頑張って、最後まで持つのか心配した」と言われていますが……。ただし、語の序盤でお客様も、一気に伯蔵主の勢いに引き込むには、良い手段だと思います。そして、

「天竺では八潮の宮。唐土にては如月の宮。日本では稲荷五社の明神。これらは正しい神だ」

と強調します。さらに、

「仁皇七四代、鳥羽の院の上童の玉藻前も狐であった」

と、殺生石の故事を語りだします。

「鳥羽天皇がひどい苦しみに見舞われたので、安倍の泰成に占わせると、玉藻前の仕業であることが分かった。そして泰成が祈祷をすると、下野の国、那須野の原に逃げていった」

この「那須野の原に逃げて行く」の時に、幕の方に振り返り、二三歩飛んでセリ足で詰めます。結果的に猟師に背を向けた形になるので、猟師は小走りに近づき、後ろ姿を凝視します。これは伯蔵主が人間ではなく、何者かが化けていると疑っていることを表しています。また伯蔵主との受け答えは「ハアー」と神妙そうな返事をします。これは伯蔵主の話をしっかりと聞いていることを表しますが、台本には「ホーン」とあります。こちらはあまり真剣に話を聞いていない感じがあります。やはり「ハアー」の方が良いように思いますが、『悪太

郎』では悪太郎が出家から南無阿弥陀仏の謂れ、仏の教えを聞く時に、初めは「ホーン」と気の無い返事から徐々に「ハァー」に変わっていき、改心していく心の変化を表します。このような演じ方もアリかもしれません。しかし、随所に「あれ？　おかしいぞ」という気持ちは持っていないといけないので、難しいところです。

　そして、語りは佳境に入っていきます。

「そこで三浦介と上総介の二人に、玉藻前を退治するようと命が下る。二人は急いで那須野に行き、犬は狐の祖先なれば犬を射て稽古をしようと、百日の間稽古をした。これから犬追物が始まったのだ」

　この犬追物とは馬上から犬を弓で射る技の一つで、流鏑馬、笠懸と共に騎射三物の一つです。

「そして百日目に大きな狐が矢先に当たって死んでしまった。すると鳥羽天皇の苦しみは無くなってしまうが、狐の執心が大きな石となって、近づいたものを殺してしまう『殺生石』になってしまったのだ」

　この故事はいわゆる「九尾《きゅうび》の狐《きつね》」のことです。元々は中国の故事で、九本の尾を持つ狐の妖怪で、殷王朝の妲己《だき》の正体も九尾の狐だったという説話があります。日本では、その後九尾の狐は日本に渡り、玉藻前になって鳥羽天皇に近づいたという物語があります。

語り終わった伯蔵主は、

「狐というものは、害を与えると必ず仕返しをする。恩を与えれば必ず返す。影が付きまとうように執心の深い、恐ろしいものだから、今後は必ず狐を釣ってはいけない」

と諫めます。このような恐ろしい物語を初めて聞いた猟師は改心して、二度と狐を釣らないと約束します。しかし伯蔵主は狐を釣る道具も捨てて欲しいと迫ります。猟師は伯蔵主が帰ってから捨てます、と言いますが、

「私が帰った後で道具を見ると、狐を釣りたい誘惑が出てきてはいけないので、目の前で捨てて欲しい」

と言います。仕方がなく、猟師はここでも怪しいという気持ちを残しながら道具を取りに行き、正体を突き止めるかのように、伯蔵主の顔の前に差し出します。驚いた伯蔵主は、

「恐ろしい！　早く捨ててくれ！」

と叫びます。しかし餌の匂いに引かれ、「クシ、クシ」と鼻を鳴らしてしまいます。猟師が罠を捨てたことを告げると、伯蔵主は、

「よくぞ聞き入れてくれた」

と安堵の様子を表します。猟師も、

「伯蔵主様のご意見ですから、聞き入れないはずがありません。さて、話も終わったならば、どうぞ家にお上がりください」

と誘い込もうとしますが、伯蔵主は、

「最近狐を釣ったので家の中は汚れているから、清らかになってから改めて参ろう」

と、やんわりと断ります。しかし、

「たまには寺に遊びに来なさい」

と猟師を誘います。これは少し世間話をして油断させようとするのか、緊張を解そうとするためか、少し軽い台詞廻しをします。

「愚僧のことなればご馳走はないよ。昆布に山椒や良いお茶でもてなそう」

と言い、

「構えて、茶ばかりでおりゃるぞや」

と念を押します。そして二人は、

「さらば、さらば、さらば」

と別れますが、猟師は最後の「さらば」に掛けて、

「良うお出でなさりました」

と、脅すように言うと、伯蔵主は、

「オ――ッ」

と飛び上がりながら、体を縮めます。これは一瞬にして伯蔵主の姿が消えたことを表します。猟師も「あれ？　消えた！」との思い入れがあり、あたりを見回しながら笛の上に座ります。

猟師を説得して罠も捨てさせて満足した伯蔵主は、小唄を謡いながら帰ろうとします。この小唄が第二の見せ場です。

「我が古塚を忍び忍びに立ち出でて、去のうやれ戻ろうやれ、我が古塚へシャナラシャナラと……」

と謡います。文字にするとなんでもありませんが、狂言謡特有の小唄節をふんだんに使っています。また歌い出しは「呂」と言う一番低い音から始めて、最後は甲グリという裏声を使った一番高い音まで、徐々に上げていかなければなりません。なかなか難しい謡です。また低音から高音に上げていくことによって、最初は落ち着いて低音から始めますが、謡っている最中に狐を釣ることをやめさせた喜びが出てきて、徐々にテンションが上がっていく伯蔵主の心の変化も表しています。最後はトリップしたような感じになり、お客様を圧倒させるところまで持っていきます。そして最高潮に達した瞬間に、猟師が捨てた罠を見つけて、一気に現実に引き戻されます。

「ちゃんと改心して罠も捨てたと思っていたが、まさか帰る道の真ん中に罠を掛けていたとは……」

と、落胆した伯蔵主でしたが、

「どのような罠で釣るのか、今までは恐ろしくて罠自体を見たことがなかったが、良い機会なので見てみよう」

と興味を持ってしまいました。恐る恐る罠に近づいて覗き込むと、餌として付いている鼠の油揚げの匂いに魅了されてしまいます。

「いやいや。このようなところに長居は無用。道を変えて帰ろう」

としますが、

「善く善く思えば、あの罠は一族の命を取った仇だ。ここであったが百年目！　いざ敵討ちをしよう！」

と罠に近づき、

「ようもようも、その小さな真っ黒な格好で、一族の命を取りよったな。今ここで敵討ちをするぞ！」

と餌を杖竹で打ち据えます。しかし油揚げの匂いに辛抱ができず、

「もうダメだ！　飛びかかって食べよう！」

と飛びかかろうとします。しかし、

「伯蔵主に化けるために着ている着物を着たままならば、そのまま罠に掛かってしまうかもしれない。着物を脱いできて、改めて食べてやろう」

と思いとどまり、罠に向かって、

「今着物を脱いできて、それから敵討ちをするから、そこを動くなよ！」

と言い捨て、三度鳴きながら幕に入ります。この時に着付けの裾をたくし上げて、狐の尻尾を見せながら退場します。

一呼吸置いてから猟師は名乗座に立ちます。本来は伯蔵主の中入りの時に、主後見は中に入り、シテが入ってくるのを鏡の間で受けます。そしてシテの状態を見て狐になって再び舞台に上がれる状態かを確認してから、猟師の後ろに鞭杖を置きに行きます。これを知らせとして、猟師は名乗座に行きます。しかし、このままするとすごく間が空いてしまいます。また前シテだけで四〇分ほどはあり、かなりしんどくて幕に入ったときは座り込んでしまうほど疲れていますが、後シテができないほどでもありませんし、特段事故が起こるほどではあ

りません。だから今では一呼吸置いてから立つようにしています。そして、猟師は、
「先ほど伯蔵主がやって来て、狐を釣ることに意見を言われたが、あまりに不審だったので罠を捨てたと言って、捨て罠にして掛けておいた。今罠のあたりで狐の鳴き声がしたので様子を見に行こう。これまで伯蔵主は、あのようなことを言ったことがない。その上伯蔵主の寺はかなり離れているので、夜になって来たこともない」

と怪しみながら罠のところにやって来ます。そして散々に荒らされた罠を見て、やはり先ほどの伯蔵主は古狐が化けて来たことに気づきます。腹を立てた猟師は、
「狐というものは一度餌を見つけると、必ず帰って来るものだから、今度は本罠を仕掛けて釣ってやろう」

と思い、
「扨々《さてさて》腹の立つ奴だ。最前狐だと気付いたならば、そのまま捕まえてやったのに残念なことをした。しかし自分を抜からぬ者で、捨てたと言いながら捨て罠にしておいたが、散々に荒らしおった。今晩来なければ明晩。明晩来なければ明後晩かかっても、絶対古狐を捕まえてやろう」

と言いながら罠を組みます。完成した罠を何処に掛けようかと悩みながら、脇座のあたりに仕掛けます。そして、
「今宵はこのところに忍んでいて、あの伯蔵主狐を待ち構えよう」

と言って、笛の上に座ります。

本性を表した狐は幕の下から這い出るようにして顔を出して、前シテで使っていた長衣を被いたまま鳴きます。そして一度幕の中に消え、改めて幕の下から這い出て、一ノ松まで駆け出します。狐になっていますので、ここからは全て四つん這いで演技をします。また狐の鳴き声は「クワーイ！　クワーイ！」と鳴きます。一度その場で飛び上がって名乗座にやって来て、「コンコン。クワイクワイ」と鳴きながら左右に転げます。そして構え直して「クワーイ！　クワーイ！」と鳴きます。それから罠の綱を飛び越えながら脇座に行きます。ここでも「クワーイ！　クワーイ！」と鳴いたあとに「ちゃばかり！　ちゃばかり！」と言います。これは猟師と最後に言葉を交わした「構えて茶ばかりでおりゃるぞや」の「茶ばかり」が、狐になっても口についているのです。その後に「〇〇！　〇〇！」と猟師役の役者の名前を言います。これも伯蔵主に化けていたときの執心が現れています。その後また罠の綱を飛び越えて（できれば飛び込み前転をしながら）目付柱に行き、「クワーイ！　クワーイ！」「ちゃばかり！　ちゃばかり！」「〇〇！　〇〇！」と鳴きます。

狐になっているので、前シテ以上にキビキビと動きたいのですが、なかなかできません。また同じような演技が続きますので、少し間延びをしてしまいます。だから、初めは遠くに現れ、徐々にテンポを上げながら、段々と罠に迫ってくる感じを出したいものです。目付柱で鳴いた後に罠に目をつけ、正中まで飛びながら移動します。左右に体を揺らしながら罠を見つめ、そろりそろりと近づきます。そして餌に手を掛けようとしますが、思いとどまって後退りします。もう一度食べようとしますが、ここでも思いとどまり後退りします。そのときに**「クワ——イ！」**と大きく鳴きます。これは「別れの鳴き」と言って、これで最後ですよという知らせになります。そして罠に近づいて餌に手を掛けますが、また手を離します。しかし、手に付いた餌の匂いを嗅ぎだすと我慢ができなくなって、罠に駆け寄り、ついに罠に掛かってしまいます。狐は恐る恐る目付柱の方に逃げようとしますが、猟師が、

**「そりゃ掛かった。おのれは憎い奴じゃ。ようも伯蔵主に化けて俺を騙したな。たった一打ちに殺してやろう」**

と狐を引きずり上げて鞭杖で叩こうとします。しかし狐は隙をみて罠を外し、一ノ松へ逃げていきます。

**「南無三宝。罠を外した。今の古狐はどこへ逃げた」**

と探している猟師に向かって、勝ち誇ったように一際大きく鳴いて、幕へ逃げていきます。

**「やいやい！　それに古狐が逃げていく。誰か捕まえてくれ。やるまいぞ、やるまいぞ」**

と追い込みながら終演します。

この『釣狐』は数ある狂言の中で最高位に位置する、とても難しく大切な曲です。また「狂言師の卒業論文」とも言われ、修行過程の最後に演じて「この曲を披いて、初めて一人前の狂言師として認められる」曲です。その理由は、これまで習って来た技法を全て駆使した上で、まったく新しい演技を求められるからです。構えや台詞回しは独特のもので、月の影で

自分の姿を確認する型、怯える型、小唄、罠に向かう型などがあります。『釣狐』にしか使わないものばかりです。その上、普段よりも腰を屈めて前傾姿勢を保ちながら、飛んだり跳ねたりしなければならなくて、どんな狂言よりも体力的にきついのです。私が披いたのは冬でした。その稽古中、暖房を切った稽古場でTシャツを着て稽古をしていましたが、汗でビショビショになったほどです。だから「本番は着ぐるみを着て、その上に着付けを着けて、面を付けて、本当にできるのだろうか」と不安になりました。しかも前日には「このまま逃げたら楽やろうなぁ」とも思ったほどです。それほど肉体的にも精神的にも追い詰められるので、「狂言を一生やって行くんだ！」という気概がないとできない曲なのです。しかし、披きから数回は教えられた通りにするしかありませんが、回数を重ねていくとこんなに演じようの多い、面白い曲はないと思いました。

一、「役者が狐になり、その狐が伯蔵主に化けている」
二、「猟師の家に着くまでは、まだ狐の要素が強く出ている（はずだ）」
三、「猟師との対峙は、伯蔵主になりきっている」
四、「猟師を説得できた喜び」
五、「小唄を謡う」
六、「罠を見つけ、怖がりながらも魅力に惹かれて行く」

これだけの心の変化を上手に表さないといけません。四、五、六は変えようもありませんが、一、二、三は色々な解釈ができます。言葉で表すのは難しいですが、テンションの違いをどのようにつけるかによって、印象も変わります。「千五郎の会」で演じた時は、三、「猟師との対峙は、伯蔵主になりきっている」をとても重く、声も低くして、おどろおどろしく演じてみました。その方がうまく前後にも繋げられるなと、今まで以上にしっくりしました。

もう一つ、この狂言の特異なところは、狂言のくせに全く笑う要素がなく、役者自身も笑いを求めていないところでしょうか。普段の狂言とは違う異質な雰囲気。狐の悲しさ、必死さ。必死さから思わず現れてしまう獣の本性。危険だと思いながらも餌の魅力に負けてしまう獣の性。獣を通して見えてくる人間の浅ましさ。約六〇分間、途切れることのない緊張感を味わっていただきたいです。どちらかと言えば能に近いのかもしれません。

私が『釣狐』を披いたのが、二一歳。その時祖父（四世千作）は七四歳。さすがに毎回稽古をつけてもらったことはなく、主に父（五世千作）に習い、数回ごとに祖父に習う感じでした。ということは、祖父と父の両方から一番稽古をしてもらった狂言かもしれません。本来は回数多く演じる曲ではありませんが、あまり出し惜しみせずに演じていき、この大曲を物にしていきたいものです。

# あとがき

この本が出版される時は、巷はコロナ禍の真っ只中です。ぼちぼちワクチンの接種が始まり、何となくトンネルの出口が見えてきたころでしょうか。

今回の騒動でほとんどの業種の方に影響があったと思います。演劇界・伝統芸能界も例外なく、多大な被害がありました。自分たちに非があるわけでもないのに、まったく力が及ばないところで、潮が引くようにほとんどの公演が中止・延期になったのは初めての経験でした。やはり我々の業種というものは、生きていく手段には密接していない、非常時には真っ先に切り捨てられるものだと思いました。しかし生活していく上では、笑い・娯楽・余暇というものは必ず必要なものであると信じて、請われれば即座にできるように万全の準備をしていかなければなりません。また平時には今回のことを教訓として、奢らずに謙虚に活動していかなければならないと感じました。

狂言の活動もだんだん変わっていきそうです。今までは否定的だったＹｏｕＴｕｂｅでの動画配信や有料動画配信なども始めました。「演劇なんて生の舞台を観てなんぼや！」と思っていましたが、普段は舞台を観られない人や遠くにいて気軽には観られない人などには活用できるツールだと思うように

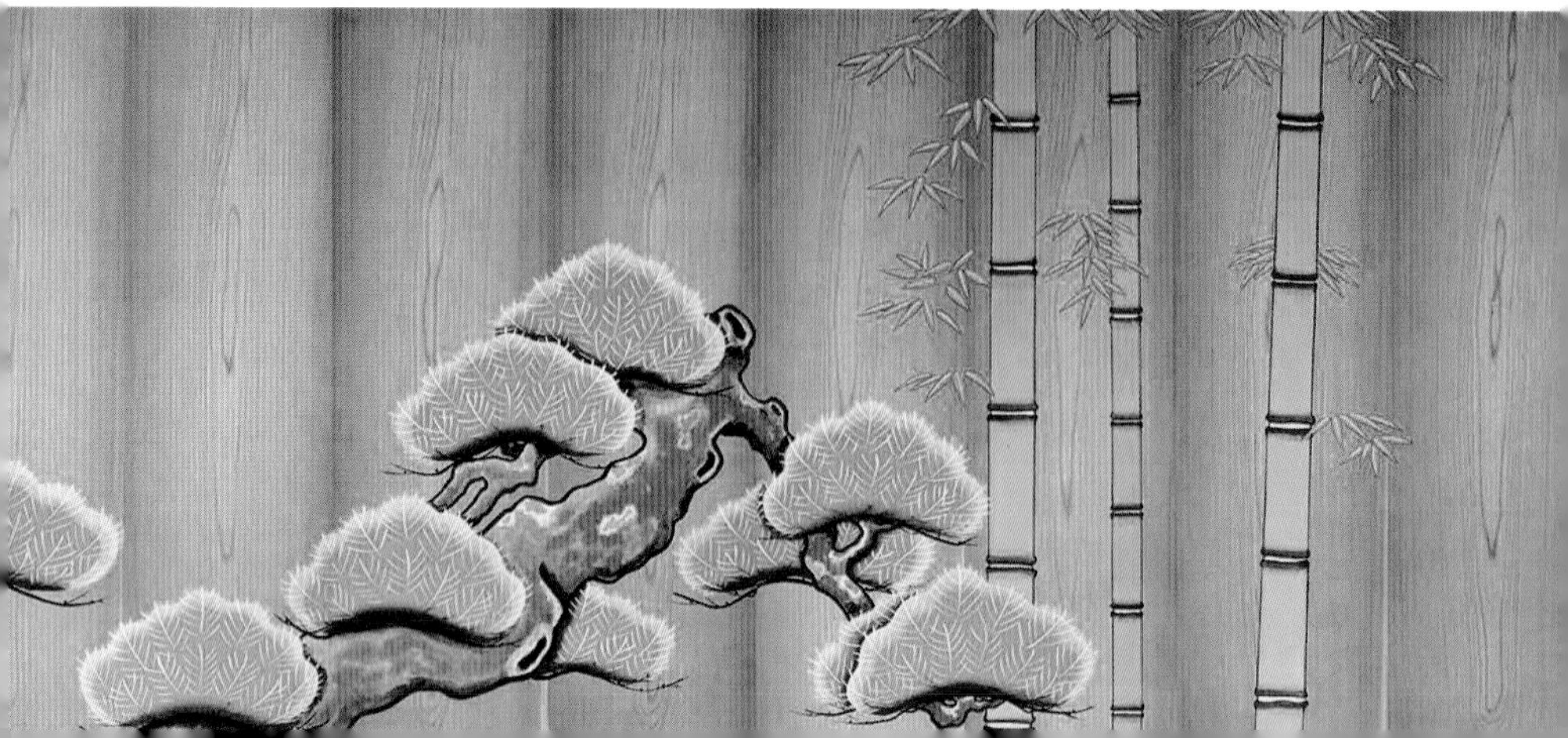

なりました。今後はそのような活動にも目を向けて、公演をしていかなければなりません。大変な時代です。まあ、子ども達は学校でパソコンでの授業が普通にあり、私たち以上にパソコンを使いこなすでしょうし、そのような心配はなさそうです。しかし、情報量が多くなったり、多様性が広がれば、どの方向に舵を切って良いものかと右往左往してしまうものです。その時この書籍が、彼らの羅針盤になってくれたらありがたいです。

今回の発刊に際して、原稿を読み直したり調べ直したりすると、新たに発見することもたくさんありましたが、やはり大変でした。本来はものを書くこと自体も苦手だったのです。しかし、自分の思いや考えが形となって残ることは、悪い気はしないものですね。実は、父（五世千作）とはあまり狂言の話をしてきませんでした。というのも、こんなに早く逝くとは思っていませんでした。子どもたちの成長が一段落したら、ゆっくり話せる時間もできるだろうと思っていた矢先のことでした。このことは本当に心残りです。だから子どもたちとは、狂言についてのお互いの思いや演技の話をしていきたいと思います。個性も考え方もまったく違う三人と話すのは大変な気もしますが。伝えきれなかったところは、本書が参考になれば最高です。

二〇二一年　二月十一日

茂山千五郎

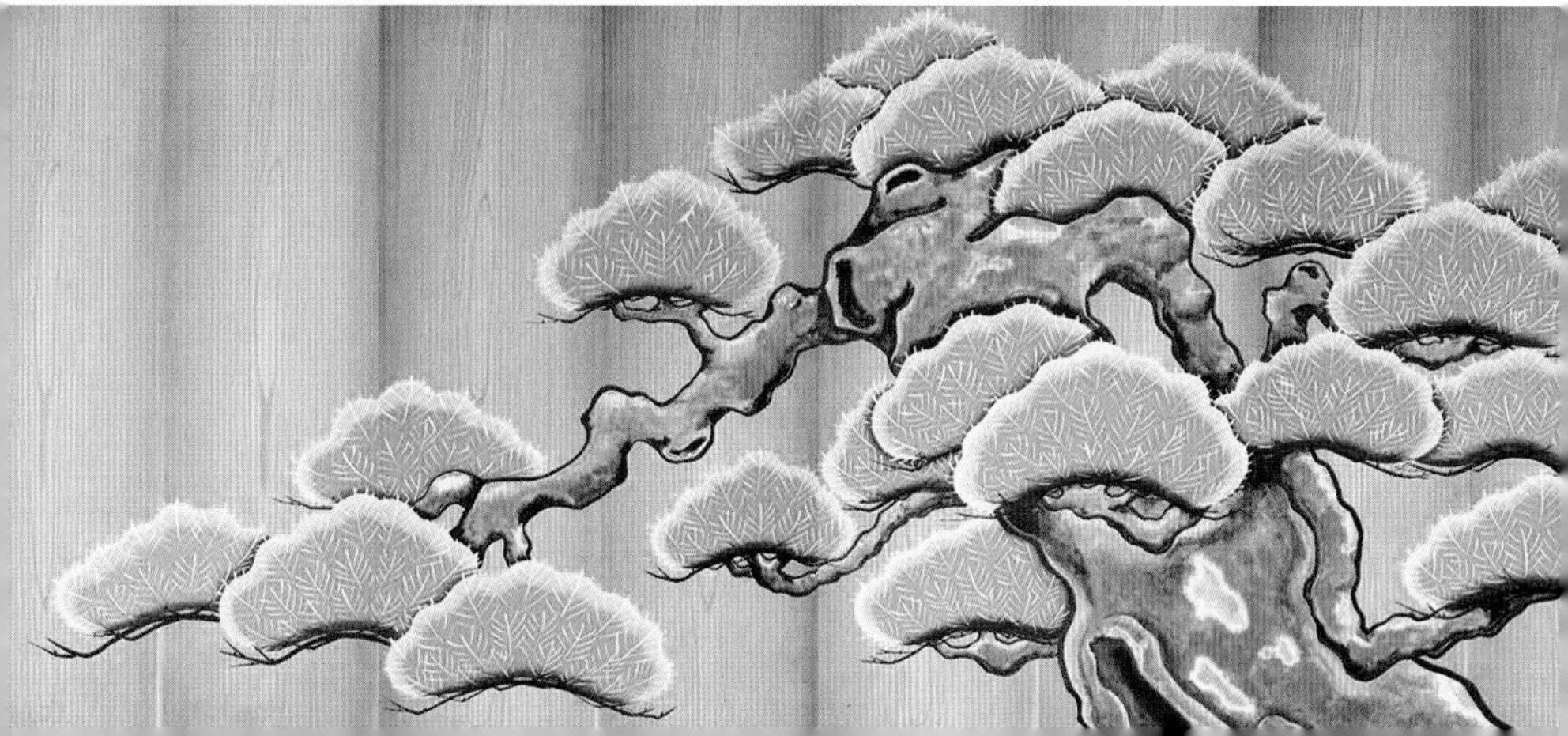

◆撮影・写真提供
荒巻薫里、上杉遥、桂秀也、川西善樹、芝田裕之

◆協力
茂山千五郎家　京都観世会館

◆装幀・あとがき画
山本太郎（ニッポン画）
装　幀　画　「紅白幔幕図」（個人蔵）
あとがき画　「折りたたみ鏡板　影向の松図」
（山本能楽堂所収）


**千五郎《せんごろう》の勝手《かって》に狂言解体新書《きょうげんかいたいしんしょ》**

二〇二一年　三月二五日　初版第一刷　発行

著　者…………茂山千五郎
編　集…………中村　純
発行者…………伊藤良則
発行所…………株式会社　春陽堂書店
〒一〇四-〇〇六一
東京都中央区銀座三-一〇-九
KEC銀座ビル
電話　〇三-六二六四-〇八五五（代）
造　本…………上野かおる　大田高允
DTP…………東　浩美
印刷・製本……ラン印刷社




ISBN978-4-394-90396-3　C0074